マクロ的経済政策論入門

マクロ的経済政策論入門

荒 憲治郎 著

知泉書館

まえがき

　本書は，「経済安定化の実現」という観点から，マクロ的経済に対する金融政策および財政政策の役割を論じたものである．対象とするのは大学の3・4年生および大学院の学生である．

　本書の全体を通じて私は，現代のマクロ経済学をJ.R.ヒックスの言う「固定価格法」に立脚したケインズ学派と「伸縮価格法」を前提にした古典学派の二つの学派に分類する方法論に全面的に賛同している．全体を三つのブロックに分かっている．第一ブロックは第Ⅰ篇および第Ⅱ篇であって私は，外国貿易を含まない封鎖体系の下で，固定価格法に立脚したケインズ学派の産出量決定のメカニズムと，労働市場における貨幣賃金率の自由な変動を通じて労働の完全雇用がいかにして成立するかの伸縮価格法に立脚した古典学派の理論を解説した．これはマクロ経済学の概要を展望したものであって，マクロ経済学の入門書を形成しているのである．

　第二ブロックの第Ⅲ篇は，固定価格法のケインズ体系にマンデル＝フレーミングの外国貿易の要因を導入した開放体系における金融政策および財政政策の国民所得に及ぼす変動効果を分析したものである．開放体系の下でのマクロ経済学は，「オープン・マクロの経済学」としてここ十数年間，経済学者の関心を集めてきた研究領域である．本篇で私は「資本移動の迅速性」という概念を導入して既存の理論に私なりの新しい論点を加えたつもりであるが，それに対しては読者諸氏の判定を俟つ他はない．この第Ⅲ篇では，国民所得に及ぼす金融政策および財政政策の効果が固定相場制と変動相場制とでは著しく対照的であることがいくつかの命題によって整理されている．これも本書の新しい論点であるかも知れない．

　最後の第三ブロックの第Ⅳ篇は，周知のフィリップス曲線をめぐるケインズ学派とマネタリストおよび合理的期待学派における論争点を整理したものである．等しく古典学派の方法論の系譜にありながらM.フリードマンのマネタリストとJ.ルカスの合理的期待学派とが有効需要管理政策の

有効性をめぐって対立関係に立っているが，興味ある結論である．

　洋の東西を問わず現在ではマクロ経済学に関する優れた教科書が数多く出版され，特に英語で書かれたもので日本語に翻訳された入門書には見るべきものが多い．私は同類のテキスト・ブックから多くの恩恵をうけている．しかし一々は言及しないが，いくつかの点で私は私なりの貢献を提示していると考えている．それらについては読者諸氏の叱正の声に耳を傾けなければならないであろう．

　　平成14年1月

著　者

目　次

まえがき ……………………………………………………………………… v

第Ⅰ篇　マクロ経済学の基礎モデル

第1章　「共通モデル」の構造 …………………………………………… 3
1　M.フリードマンの「共通モデル」 ……………………………… 3
2　方程式体系の閉じ方 ……………………………………………… 7

第2章　総需要曲線とその価格弾力性 …………………………………10
1　総需要曲線の導出 …………………………………………………10
2　総需要の価格弾力性 ………………………………………………13

第3章　ケインズ学派の産出量と物価水準の決定機構 ………………19
1　外生的貨幣供給論のケインズ学派のモデル ……………………19
2　固定価格法の総供給価格曲線 ……………………………………22
3　産出量と価格水準の決定機構 ……………………………………27

第4章　古典学派の産出量と価格水準の決定機構 ……………………31
1　完全雇用の体系 ……………………………………………………31
2　古典学派のマクロ体系 ……………………………………………35
3　貨幣の中立性 ………………………………………………………39

参照文献 ………………………………………………………………………41

第Ⅱ篇　封鎖体系における安定化政策論

第1章　完全雇用所得と安定化政策論の課題 …………………………45
1　ケインズ経済学における三種類の失業 …………………………45

2　均衡失業率の概念 …………………………………………………48
　　3　経済安定化政策論の課題 …………………………………………51

第2章　政府部門を含む $I=S$ 曲線 ……………………………………53
　　1　政府部門の歳出入の構造 …………………………………………53
　　2　政府部門を含む $I=S$ 曲線 ………………………………………56

第3章　財政政策と完全雇用 ……………………………………………61
　　1　財政活動における安定化政策論 …………………………………61
　　2　均衡予算の乗数効果 ………………………………………………64
　　3　裁量的財政政策と完全雇用予算 …………………………………67

第4章　外生的貨幣供給論と内生的貨幣供給論 ………………………71
　　1　貨幣供給決定のメカニズム ………………………………………71
　　2　内生的貨幣供給のケインズ学派のモデル ………………………75
　　3　最適貨幣政策 ………………………………………………………77

第5章　貨幣政策と財政政策の有効性 …………………………………83
　　1　貨幣政策の有効性 …………………………………………………83
　　2　財政政策の有効性 …………………………………………………87
　　3　財政政策と貨幣政策のポリシー・ミックス ……………………91

参照文献 ……………………………………………………………………95

第Ⅲ篇　開放体系における巨視的経済政策論

第1章　開放体系のマクロ経済学的基礎 ………………………………99
　　1　部門別収支バランスと国際収支表 ………………………………99
　　2　固定相場制と変動相場制 …………………………………………104
　　3　経常収支の決定要因 ………………………………………………108
　　4　購買力平価説 ………………………………………………………114
　　5　資本収支の決定要因 ………………………………………………116

目　次

第2章　開放体系下でのケインズ体系 ……………………………123
　1　国際収支均衡の条件 …………………………………………123
　2　マンデル＝フレーミング・モデル …………………………125

第3章　固定相場制の下での巨視的経済政策論 …………………130
　1　固定相場制における金融政策の有効性 ……………………130
　2　固定相場制における財政政策の有効性 ……………………133
　3　固定為替レートと国際流動性 ………………………………136

第4章　変動相場制の下での巨視的経済政策論 …………………139
　1　変動相場制の下でのケインズ均衡体系の安定性 …………139
　2　変動相場制における金融政策の有効性 ……………………145
　3　変動相場制における財政政策の有効性 ……………………148
　4　ポリシー・ミックスの分析 …………………………………152
　5　若干の比較静学分析 …………………………………………154

参照文献 ………………………………………………………………156

第Ⅳ篇　現代マクロ経済政策論の諸論争

第1章　ケインズ学派のインフレ分析 ……………………………159
　1　総需要価格の変動方程式 ……………………………………159
　2　総供給価格の変動方程式 ……………………………………161
　3　需要インフレとコスト・インフレ …………………………163

第2章　フィリップス曲線とケインズ学派 ………………………167

第3章　マネタリストの自然失業率仮説 …………………………174
　1　自然失業率仮説 ………………………………………………174
　2　マネタリストの経済モデル …………………………………179
　3　フリードマンの $x\%$ のルール ………………………………182

第 4 章　合理的期待学派の諸命題 ……………………………185
1　適応的期待と合理的期待 ……………………………185
2　合理的期待学派の経済モデル …………………………187
3　政策無効性命題 ………………………………………190
4　政策評価命題──「ルーカスの批判」……………………192

第 5 章　結語的要約 ………………………………………196
1　合理的期待学派に対する評価 …………………………196
2　古典派第一公準とケインズ経済学 ……………………198

参照文献 ……………………………………………………201

付論 1　古典学派の第一公準とケインズの有効需要論 …………203
1　問題の所在 ……………………………………………203
2　第一公準とケインズ経済学 ……………………………205
3　ケインズ経済学における二つの雇用理論 ………………206

付論 2　{3×3}行列の逆行列について ……………………213

索引（人名・事項） ……………………………………………215

第Ⅰ篇

マクロ経済学の基礎モデル

第1章

「共通モデル」の構造

1 M.フリードマンの「共通モデル」

二つの均衡方程式　ケインズの経済学に対して可能な限りの譲歩を行なった上でM.フリードマンは，その著書『貨幣分析の理論的枠組』(1971年) において，古典学派およびケインズ学派の双方において承認することができるであろうマクロ的均衡モデルを次の二個の方程式体系で示した．すなわち

$$I(\underset{\ominus}{r}) = S(\underset{\oplus}{Y}) \qquad (1.1)$$

$$\frac{M}{P} = L(\underset{\oplus}{Y}, \underset{\ominus}{r}) \qquad (1.2)$$

がそれである．この方程式体系で用いられている変数の意味は，I＝実質民間投資，S＝実質民間貯蓄，P＝一般物価水準，M＝名目貨幣供給量 (従って M/P＝実質貨幣供給量)，そして Y＝実質国民所得，r＝貨幣利子率である．また，各関数の変数の下に丸印で示されている符号はその変数がそれぞれの関数に及ぼす変動効果あるいは関数関係を示している．例えば，S に対して Y がプラスの関係をもっているということは，他の事情を一定にした時に，Y が増大すると S が増大することを意味しているのである．論じるまでもなく (1.1) は生産物市場の需給均衡状態，(1.2) は貨幣市場の需給均衡状態を示す方程式である．フリードマンによれば，この二つの均衡方程式は，ケインズ学派の人々のみならず，ケインズ以前の古典学派の人々によっても受諾可能な「共通モデル」common model である．以下，各関数の性質について説明しよう．

投資関数　民間部門が行なう投資は，しばしば設備投資・在庫投資・

住宅投資に分類され，そのような投資の分類は景気変動の分析において重要な役割を演じる．しかしながら以下においてわれわれが注目するのは企業が行なう設備投資である．そして他の事情を一定にする時，投資が利子率の減少関数であることは，古典学派およびケインズ学派の双方によって承認することのできる想定である．但し，問題があるとすれば利子率の取扱いである．後述するようにここでは「単一の貨幣利子率」"the" money rate of interest の存在が想定されている．しかしその場合においても問題になるのは，貨幣利子率から物価上昇率（正確には期待される物価上昇率）を差し引いた「実質利子率」real rate of interest，すなわち

$$\text{実質利子率} = \text{貨幣利子率} - \text{物価上昇率}$$

を考えるべきである[1]．われわれは後で，不断に物価水準の上昇が続く場合，それが実体経済に及ぼす影響について考察する．しかし目下のところしばらくは，たとえ物価水準が変化しても，それは一回かぎりのものであり，したがって企業のインフレ期待には影響を与えないという意味での静態的枠組みのもとで分析を進める．

貯蓄関数　民間部門の貯蓄が国民所得の増加関数であるとすることについては，ケインズ学派の人々からは一般的承認が得られるであろう．これに対してフリードマンは，自分自身の「恒常所得仮説」に依拠する消費関数の研究やその他の消費関数の研究状況にふれながら，しかし，ケインズ型の消費関数の採用を容認するのである．われわれもフリードマンの所説に従う．しかし以下の分析では，消費支出が国民所得のみならず消費者が保有する実質貨幣残高にも依存し，その関係がプラスであるようなケース（貯蓄関数から言えばその関係がマイナスであるようなケース）を考察する．上述の記号でわれわれは貨幣の実質残高（あるいは実質供給量）を M/P で示したが，消費支出が M/P とプラスの関係に結ばれているとする関係は，消費支出の「実質残高効果」real balance effect または「ピグー効果」Pigou effect とよばれているものである[2]．もしこの効果を考慮に

---

[1]　貨幣利子率をこのように実質利子率と物価上昇率の二つの要因に分解することを主張した経済学者の名前を冠して，この分解の効果を「フィッシャー効果」Fisher effect と名づける．

入れるならば，貯蓄関数は

$$S = S(\underset{\oplus}{Y}, \underset{\ominus}{\frac{M}{P}}) \tag{1.3}$$

と書き改められなければならない．後述するように，この効果は，消費支出が物価水準にも依存することを示す際に重要な役割を演じるのである．

取引動機による貨幣需要　実質貨幣に対する需要関数に関してフリードマンは，それが実質国民所得 Y の増加関数，名目利子率の減少関数であることを承認する．これは貨幣需要に関するケインズの「流動性選好説」を前提にすることと同じである．この中で，生産活動の取引に必要な貨幣数量を M_1 で示し，それを「取引貨幣」とよぶ．もし経済取引の決済の制度にして変化がなければ，それは名目国民所得に比例しているとみなしてよいであろう．あるいは M_1 を P で除した実質取引貨幣数量 M_1/P は実質国民所得 Y に比例していると言ってよい．この関係を

$$\frac{M_1}{P} = L_1(\underset{\oplus}{Y}) \tag{1.4}$$

で示すならば，L_1 は Y の増加関数とみなすことができる．あるいはより簡単には

$$\frac{M_1}{P} = k_1 Y$$

と書いてもよい．ここで k_1 は支払慣習の変化のない短期ではプラスの定数と考えることができるパラメーターである．

単一利子率の想定　古典学派の貨幣数量説における貨幣需要量は，基本的には取引に必要な取引貨幣である．すなわち，貨幣需給量の等しい状態を考えるならば，$M = M_1$ である．これに対してケインズは，M_1 以外に，有価証券の利回りの不確実性に対処するために保有される貨幣数量を M_2 で示し，投資家たちの利子率に関する期待の状態にして与えられるな

2）失業が存在する場合，たとえ貨幣数量が与えられていても貨幣賃金が下落すれば物価水準の下落によって労働の完全雇用が実現するというのが「ピグー効果」の実践的有用性である（[11]）．

らば，それは利子率の減少関数であるとした．以下においてわれわれは名目利子率の水準を r の記号で示すが，フリードマンに従い，ケインズと同様に，次のように想定する．

> 「論じるまでもなく，ケインズは利子率の全体の複合体の存在を認知していた．しかし簡単化のためにケインズは，「単一の利子率」'the rate of interest' の用語を用いて語った．通常，それは，名目価値額が固定されており，最小の債務不履行を含む長期の有価証券——例えば政府債券に対する利率を意味している」（[2] p.21）．

この想定によって，われわれの分析は著しく単純化されるのである[3]．

資産動機による貨幣需要　有価証券の価格が上昇してその利回りが低下すると，資産価値の安全性を確保するために人々は有価証券の保有を減じて現金通貨（あるいは預金通貨）によってそれを代置する．ケインズは，これを「投機的動機」による貨幣需要と名づけた．われわれはそのような動機に基づく貨幣需要量を M_2 で示し，これを「資産貨幣」とよぶ．そしてその関係を

$$\frac{M_2}{P} = L_2(\underset{\ominus}{r}) \tag{1.5}$$

で示す．一般に物価水準の上昇とともに資産貨幣の実質価値は減少する．もし物価水準の上昇率よりもその価値額が上昇すると期待される金融資産が存在するならば，資産貨幣からそのような金融資産への代替が生じるであろう．しかるにわれわれが前提にしている有価証券が国債タイプのものであるとすれば，インフレとともに国債の実質価値も減少し，現金通貨から国債への代替効果は生じない．換言すると名目利子率 r にして変化がなければ，現金通貨と国債の代替は生じないのである．論じるまでもなく，r の下落（債券価格の上昇）によって M_2 は増大するが，所与の r に対しては人々は P の変化に比例して M_2 の実質価値を維持しようとするのである．(1.5)の関係は正にそのことを示している．

---

3) 勿論，現実には低い水準の公定歩合やコール・レート，その預金期間の長さによって異なる預金金利，各種の社債利子や株式利回りなどが存在する．それらの長短金利の関係を分析することは金融論の重要な課題であるが，ここでは断念しなければならない．

L＝M 曲線　　以上で貨幣需要に関するケインズの理論の大要が示された．記号の簡単化のために，L_1 と L_2 の合計を L で示す．かくして

$$\frac{M_1}{P}+\frac{M_2}{P} = L_1(\underset{\oplus}{Y})+L_2(\underset{\ominus}{r}) \equiv L(\underset{\oplus}{Y},\underset{\ominus}{r})$$

が得られるであろう．ここで L は「実質貨幣」に対する需要量である．そこでいま，貨幣需要量と貨幣供給量が等しい状態に注目するならば，次式が成立する．

$$\frac{M}{P} = L(\underset{\oplus}{Y},\underset{\ominus}{r}) \qquad (1.6)$$

ここで M/P は「実質貨幣」の供給量である．以下では(1.6)を $L=M$ 曲線（あるいは簡単に LM 曲線）と略称するが，それはあくまでも実質貨幣に関する需給均衡方程式であることを銘記すべきである．

2　方程式体系の閉じ方

政策変数　　さて，上述の(1.1)および(1.2)に含まれる変数の数は，$Y=$ 実質国民所得，$r=$ 利子率，$P=$ 一般物価水準，$M=$ 貨幣供給量の四個である．この中で，M はこれを経済政策上の考慮によって決定される「政策変数」policy variable とみなすのが一般的である．『雇用の一般理論』におけるケインズの所説がそうであったし[4]，それを定式化したヒックス＝ハンセン（[5]，[4]）の分析もそうであった．そして事実，フリードマンもそのような立場を踏襲している．しかしながら貨幣供給量を政策変数とみなすことは決して自明なものではない．後述するように（第II篇4章），政策当局者は M ではなく r を政策変数として採用し，M を経済体系の中で決定さるべき未知数として取り扱うことも可能なのである．しかしながら，M または r のいずれかを政策変数として採用したとしても，依然として三個の未知数が残り，上述の(1.1)および(1.2)の二個の方程式では方程式の数が一個不足している．しからば未知数と方程式の数を

---

[4]　ケインズは，「われわれの最終的課題は中央当局が裁量的に操作したり管理することのできる変数を選び出すことにある」（[9]，p.245）と論じ，究極的な独立変数の一つとして「中央銀行の行動によって決定される貨幣量」を挙げている．

一致させるという意味で経済体系を完結させるためには，いかなる方程式を追加すべきなのであろうか．

二つのアプローチ この設問に対してフリードマンは，物価水準 P を外生的に決定される変数（これを P_0 で示す）として取り扱う方式，すなわち

$$P = P_0$$

とする方式と，実質国民所得 Y を外生的に決められている完全雇用の水準にあるもの（これを Y_e で示す）として取り扱う方式，すなわち

$$Y = Y_e$$

とする方式の二つに区分し，前者を「ケインズ学派」的なモデルの閉じ方，後者を「古典学派」（あるいは貨幣数量説）的なモデルの閉じ方であると言う．ここで P を外生的なものとみなすという時，その意味するところは，物価水準が状況のいかんにかかわらず常に一定不変であるということではなく，それは生産物市場での需要と供給の相対的関係，すなわち超過需要または超過供給によっては変化しないということであって，その含意は J.R.ヒックスの用語での「固定価格法」Fixprice Method に等しいのである（[6] 第7章）．これに対して古典学派の人々は，価格体系の伸縮的変化による需給調節機能に支えられて，労働の完全雇用の成立を自明なものとし，現実の産出量を Y_e に等しいとみなすのである．ヒックスが「伸縮価格法」Flexprice Method とよんだものはまさに古典学派のモデルの閉じ方を意味しているのである[5]．

三種類のモデル いま，古典学派の伸縮価格法の立場に立って $Y = Y_e$ とし，これを (1.1) に代入するならば，

$$I(r) = S(Y_e) \qquad (1.7)$$

が得られる．貯蓄関数を与えられたものとすれば，$S(Y_e)$ は所与の大きさであるから，これによって労働の完全雇用に対応する利子率 r の水準も

---

[5] 「固定価格法」および「伸縮価格法」の呼称はJ.R.ヒックスによって導入されたが（[6]，第7章），フリードマンのケインズ学派と古典学派の分類も本質においてヒックスと同一のものであると言ってよいであろう．

第1表　三種類のマクロ体系

	古典学派	ケインズ学派	
既知数	$Y = Y_e$ $M = M_0$	$P = P_0$	
		内生的貨幣供給論	外生的貨幣供給論
		$r = r_0$	$M = M_0$
未知数	P r	Y M	Y r

ユニークに決定されることになる．これに対してもしわれわれが内生的貨幣供給論の立場に立って利子率 r を外生的なものとみなしその水準を任意に指定するならば，一般的には(1.7)の成立は保証されない．その意味で(1.1)および(1.2)を共通モデルとして前提にする限り，古典学派のモデルを閉じるためには貨幣供給量は外生的とみなされなければならないのである．これに対してケインズ学派の立場からは，一方では M を外生的に設定する仕方と他方では r を外生的に設定する仕方の両者が可能である．従って以上の共通モデルからわれわれが考察しようとするマクロ的均衡体系はこれを第1表のように整理することができるのである（但し，この表で M_0 および r_0 は外生的に決められた M および r を示す記号である）．

以下の分析課題　さて，以上でわれわれは生産物市場および貨幣市場の需給均衡の状態のみに注目し，均衡水準の成立過程については全くふれていない．以下の分析の最初の課題は，上記の三種類のマクロ・モデルに固有な調整機構を前提にして，その均衡体系の動学的安定性を明らかにし，かつそれぞれのモデルにおいて既知数とされている変数が変化した時に，それが未知数にどのような影響を与えるかを分析することである．さらにわれわれにとって興味があるのは，ケインズ学派における外生的貨幣供給論と内生的貨幣供給論の位置づけをどのように考えるべきかという問題である．この第二番目の課題をわれわれは経済安定化政策論との関連で第II篇4章において扱う．

第 2 章

総需要曲線とその価格弾力性

―――――――

1 総需要曲線の導出

セイの販路法則と有効需要の原理　ケインズは『雇用の一般理論』の基礎となった『草稿』(1933年)において，次のように述べている．

> 「供給はそれ自らの需要を創りだすという命題に代えて，私は，支出はそれ自らの所得すなわち支出に正に充分に等しいだけの所得を創りだすという命題に置きかえるであろう」([13] pp.80-81).

この文章の前半にある「供給はそれ自らの需要を創り出す」という命題は「セイの法則」Say's Law として知られたものである．それは供給される生産高はそれがどのような大きさのものであっても，自由な市場を前提にするならば市場価格の需給調節の機能によって必ず販路を見出すことができることを主張する．上述の $Y = Y_e$ は正にこの法則性を意味しているものに他ならない．これに対して後半の「支出はそれ自らの所得を創りだす」という命題はケインズ経済学の基礎とみなし得るものであって，ケインズの叙述からこれほどまで簡潔にケインズ経済学のエッセンスを伝えた文章を見出すことは困難であるといってよい．前者の「セイの法則」に対して後者の命題を「有効需要の原理」Principle of effective demand という．ここで有効需要というのは，単なる願望としての需要ではなく，実際に購買力によって裏付けられた需要であって，しかもそれは企業が供給してもよいと判断する需要を意味しているのである．上述の(1.1)はまさに有効需要の原理により生産物市場において成立するマクロ的な需給均衡状態を示した方程式に他ならない．

総需要価格曲線　以下におけるわれわれの最初の課題は，(1.1)およ

び(1.2)の共通モデルを前提にし,それから導かれる経済全体の需要曲線の性質を明らかにすることである.そこでまず,(1.1)を前提にすると,r と Y の関係は簡単に

$$r = r(\underset{\ominus}{Y}) \tag{2.1}$$

によって表示することができる.すなわち,r と Y との間には一方が増大すれば他方は減少するという意味でマイナスの関係が存在するのである.そこで(2.1)を(1.2)に代入して整理するならば,われわれは次式を得ることができる.

$$P = \frac{M}{L(\underset{\oplus}{Y}, \underset{\ominus}{r(\underset{\ominus}{Y})})} \equiv P(\underset{\oplus}{M}, \underset{\ominus}{Y}) \tag{2.2}$$

われわれはこれを「総需要価格曲線」aggregate demand price curve と名づける.すなわち,この曲線は,$L=M$ の状況の下で,現在の産出量を残りなく需要するのに正に適合的な Y と P との関係を示したものであって,一産業における需要価格曲線(需要曲線の逆関数)と同様に,P と Y との関係はマイナスとして記述される.すなわち,高い水準の産出量には低い水準の価格水準が対応し,低い水準の産出量には高い水準の物価水準が対応しているのである.但し,ここで,この関数は P と Y との間に存在する「関数関係」を示しているにすぎず,それ自体としては P と Y との間の「因果関係」についての発言権を含んでいないことに留意しなければならない.後述するように,この関数から,所与の M および所与の Y の下で P の水準を求めるというようにその因果の関係を読むならば,それは「古典学派」的であり,これに対して所与の M および所与の P の下で Y の大きさを求めるというようにその因果の関係を読むならば,それは「ケインズ学派」的なのである.

総需要関数 いま,(2.2)における Y と P との関係を逆にみた関係,すなわち(2.2)の逆関数を考え,次のように書くとしよう.

$$Y = D(\underset{\oplus}{M}, \underset{\ominus}{P}) \tag{2.3}$$

上述の(2.2)において P は Y の単調減少関数であるから,このような逆関数の存在は保証される.そしてこれは(2.2)と同一物の別表現に他ならない.われわれはこれを「総需要関数」aggregate demand function と名

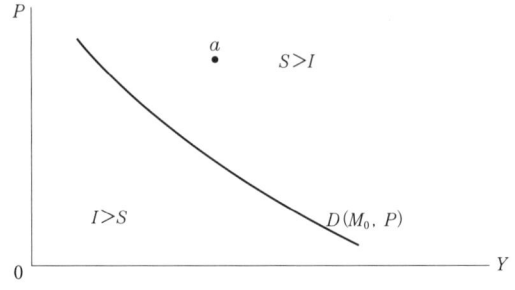

第1図　総需要関数

づける．そこで(2.2)から容易に確認できるように，もし M/P が一定ならば Y も一定である．なぜならば

$$L(\underset{\oplus}{Y},\ \underset{\ominus}{r(\underset{\ominus}{Y})}) = \frac{M}{P}$$

となるからである．このことは(2.3)の D 関数において，M と P とが同一の率で変化する限りそれは Y の水準には影響を与えないということを意味する．第1図の右下がりの曲線は M が M_0 に与えられている場合の P と Y との関係を図示したものである．論じるまでもなく，この曲線は M の増大とともに上方にシフトする．

　不均衡状態　さて，ここで現実の経済が総需要曲線からは離れた場所に位置している場合を考えてみよう．例えば第1図の a 点がそれである．上述したように総需要曲線は $I=S$ および $M/P=L$ がともに成立している場合の Y と P との関係を示したものである．以下においてしばらくわれわれは貨幣市場は生産物に比べると不均衡に対する調整速度は大であり，貨幣市場における不均衡は利子率の変化によって直ちに解消されるものと想定する．換言すると，現実の経済では常に $M/P=L$ が成立していると想定するのである．この時，総需要曲線の右上方の a 点では生産物市場は超過供給の状態であって $S>I$ であり，その左下方では生産物市場は超過需要となっていることを見るのは容易であろう．問題は生産物市場で不均衡が生じた場合，どのような調整のメカニズムが進行するかである．以下に示されるように，古典学派とケインズ学派とでは全く異なれるアプローチが想定されている．換言すると，均衡状態のみに注目している時には

二つの学派の相違は明別されないが，不均衡からの調整過程を考察する場合においてこそ二つの学派の相違が歴然となるのである．

2 総需要の価格弾力性

総需要の価格弾力性　以上によって経済全体の総需要曲線が導出された．われわれの次の課題は，一産業におけるのと同様に，物価水準の変化が経済全体の総需要量に及ぼす効果の大きさを測定することである．いま，「総需要の価格弾力性」price elasticity of aggregate demand を η で示すならば，それは

$$\text{総需要の価格弾力性} = \eta \equiv -\frac{\partial D}{\partial P} \div \frac{D}{P} \qquad (2.4)$$

となる．すなわち，η は P の1％の下落（または上昇）が何％の総需要量の増加（または減少）に対応するかを示すものであって，もし η が充分に大であれば，P の僅かばかりの引下げに対応して経済全体の総需要量は大きく増加し，最初に産出量が完全雇用の水準に達していない場合でも，価格水準の下落にともなって産出量は完全雇用の水準に対応するようになるのである．しからば，η の大きさはどのようなものと期待されるのであろうか．

消費需要の価格弾力性　経済全体の総需要は消費需要と投資需要を加えたものである．まず，消費需要の考察から始めよう．われわれは先に「ピグー効果」あるいは「実質残高効果」を含む貯蓄関数を(1.3)によって示したが，改めてこれを消費関数の形で示すと，$C =$ 実質消費として，それは

$$C = C(\underset{\oplus}{Y}, \underset{\oplus}{\frac{M}{P}}) \qquad (2.5)$$

によって示されるであろう．すなわち，C は単に Y の増加関数であるだけではなく，M/P の増加関数でもある．従って，たとえ Y および M が一定であっても，P の下落とともに

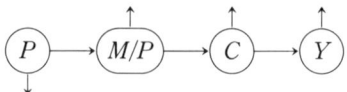

という因果の系列を通じて Y の増大を導くものと期待されるのである．そこで P の下落が C に及ぼす効果の弾力性を η_c で示し，これを「消費需要の価格弾力性」と名づける．すなわち

$$\text{消費需要の価格弾力性} = \eta_c \equiv -\frac{\partial C}{\partial P} \div \frac{C}{P} \qquad (2.6)$$

である．この時，計算によって明らかなように，

$$-\frac{\partial C}{\partial P} \div \frac{C}{P} = \frac{\partial C}{\partial (M/P)} \div \frac{C}{(M/P)} \qquad (2.7)$$

となる．すなわち η_c は実質貨幣残高 M/P の変化が実質消費支出 C に及ぼす効果の弾力性と同一のものに帰着するのである．

投資需要の価格弾力性　　次に，投資需要に及ぼす価格水準の変動効果は，われわれのマクロ体系では，次のような矢印シェーマで示すことができる．

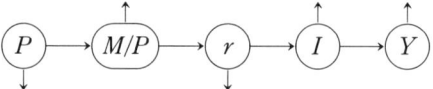

『雇用の一般理論』においてケインズはこのような効果の存在し得る可能性を指摘しており（[9] 第19章，pp.266-67），その意味で P の下落にともなう I に対する効果を「ケインズ効果」Keynes effect と名づけることができるのである．ここで，このケインズ効果の強さを知るために，(1.3)を(1.1)に代入した方程式，すなわち

$$I(\underset{\ominus}{r}) = S(\underset{\oplus}{Y}, \underset{\ominus}{\frac{M}{P}})$$

から，r と Y および M/P の間に存在する関数関係を改めて

$$r = r(\underset{\oplus}{Y}, \underset{\ominus}{\frac{M}{P}})$$

によって示し，これを投資関数 $I(r)$ に代入する．その時，投資関数は次

のようになる．

$$I = I(r(\underset{\ominus}{Y}, \underset{\oplus}{\frac{M}{P}}))$$
そこで，物価水準 P の変化が投資需要に及ぼす効果の弾力性を η_I で示し，これを「投資需要の価格弾力性」とよぶ．すなわち

$$\text{投資需要の価格弾力性} = \eta_I \equiv -\frac{\partial I}{\partial P} \div \frac{I}{P} \qquad (2.8)$$

である．この時，簡単な計算によって

$$-\frac{\partial I}{\partial P} \div \frac{I}{P} = \frac{\partial I}{\partial (M/P)} \div \frac{I}{(M/P)} \qquad (2.9)$$

が成立することがわかる．かくしてこれより，投資需要の価格弾力性 η_I は M/P の変化が投資支出 I に及ぼす効果の弾力性と同一のものに帰着するのである．

η_c および η_I の η との関係　さて，われわれは生産物市場での均衡状態 $I = S$，すなわち

$$Y = C + I$$

の成立を前提にしている．そこでこの両辺を P で微分すると

$$\frac{\partial Y}{\partial P} = \frac{\partial C}{\partial P} + \frac{\partial I}{\partial P}$$

が得られるが，これに上述の(2.4)，(2.6)および(2.8)の関係式を代入して整理すると，容易に次式の成立を確認することができる．すなわち

$$\eta = \eta_c \frac{C}{Y} + \eta_I \frac{I}{Y} \qquad (2.10)$$

である．かくして経済全体の総需要の価格弾力性の大きさは，消費需要および投資需要の価格弾力性にそれぞれ C/Y および I/Y のウエイト（もちろん，ウエイトの和は1に等しい）を乗じた加重平均に等しくなるのである．しからば η_c および η_I はどのような大きさのものと期待することができるのであろうか．

ピグー効果の実効性　まず，η_c について考察しよう．η_c がどれほど

のものであるかは基本的には実証研究の課題である．上述したように η_c は消費支出の実質貨幣残高の弾力性に等しい．しかるにこの弾力性については，例えばJ.スティグリッツの次の叙述が参照さるべきである．

「諸価格が一年間に10％ほどの大きさだけ下落したと仮定しよう（これは過去の世紀で二・三回しか生じなかった）．もし（外部）貨幣供給が不変のままであったとすれば（そして実質残高の増大が家計によってその実質的富の増大とみなされるならば），そして実質残高が総物理的資産の概略25％を占め，総物理的資産が（人間資本を含む）総資産の25％を示しかつ消費支出の実質的富に関する弾力性が10％であったとすれば，実質残高効果からの消費支出の変化のパーセンテージは

$$0.1 \times 0.25 \times 0.25 \times 0.1 = 0.06\%$$

であろう．かくして消費支出を25％引き上げるためには約400年の歳月を要するであろう」（[14] p.97）．

このようにしてスティグリッツは，第一次接近としてのみならず第二次接近としても，ピグー効果はこれを無視するのが賢明である，と結論するのである．上述したように，η_c がどれほどであるかは基本的には実証研究の課題であるが，スティグリッツの数値例を前提にする限り，その実効性は余りにも希薄であるといわなければならない．

貨幣需要と投資需要の利子弾力性　　しからば η_I についてはどうであろうか．上述したように P の下落が I に対して効果をもつためには，第一に所与の貨幣供給量の下で P の下落が M/P の増大を通じてどれだけ利子率 r を引き下げるか，そして第二に利子率の下落がどれだけ投資需要を高めるか，の二つの要因に依存している．そこでまず，$M/P = L$ として

$$\beta = -\frac{\partial L}{\partial r} \div \frac{L}{r} \tag{2.11}$$

と書くならば，β は「貨幣需要の利子弾力性」を示すものに他ならない．これは利子率の変化が実質貨幣残高に及ぼす効果の弾力性を示している．次に

第2章 総需要曲線とその価格弾力性

$$\alpha = -\frac{dI}{dr} \div \frac{I}{r} \qquad (2.12)$$

と書く．これは利子率の変動が投資支出に及ぼす効果の弾力性を示すものであって，「投資の利子弾力性」である．この時，計算によって次式の成立を確認することには困難はないであろう[6]．すなわち

$$\eta_I = \frac{\alpha}{\beta} \qquad (2.13)$$

である．このように η_I の大きさは α と β の要素に分解されるのである．

ケインズ的病理現象　さて，この最後の方程式で，投資の利子弾力性が存在しないか（すなわち $\alpha=0$），あるいは貨幣需要の利子弾力性が無限大となっている場合（すなわち $\beta=\infty$），必然的に

$$\eta_I = 0$$

となるであろう．そしてこのいずれかのケースに経済がある場合，われわれは経済が「ケインズ的病理現象」の下にあるという．まず $\beta=\infty$ のケースについて，ケインズは次のように論じている．

　「利子率が一定水準にまで低落した後では，ほとんどすべての人が極めて低い利子率しか生まない債権を保有するよりは現金を保有するようになるという意味において，流動性が事実上絶対的となる可能性がある」([9] p.207)．

これに対してケインズは $\alpha=0$ の可能性について次のように論じている．

　「私自身としては，現在，資本財の限界効率を長期的な観点から，一般的社会的利益を基礎にして計算することのできる国家が投資を直接に組織するために今後ますます大きな責任を負うようになることを期待している．なぜならば，上述の原理に基づいて計算される各種資本

---

6)　α は次のように変容できる．

$$\alpha = -\frac{dI}{dr} \div \frac{I}{r} = -\frac{dI}{dP} \cdot \frac{dP}{dr} \div \frac{I}{r} \qquad (*)$$

また，M が所与の下で $dL/L = -dP/P$ を考慮すると(2.11)より

$$\frac{dP}{dr} = \beta \frac{P}{r} \qquad (**)$$

となるから，これを（*）に代入すると所望の結果が成立する．

の限界効率に関する市場評価の変動があまりにも大きくなるので，利子率の実現可能な変化によってはもはや相殺できないようになるかも知れないからである」（[9] p.162）．

η の現実　容易に確認し得るように，もし経済がケインズ的病理現象の下にあるならば，第1図の総需要曲線は縦軸に平行な直線となるであろう．なぜならば，この場合には，どのように物価水準を引き下げても総需要量は増大せず，実質国民所得は不変にとどまるからである．これに対して現存する貨幣供給量の大部分が取引動機に基づくとされる古典的な貨幣数量説の世界では β は充分に小さく，また投資機会が豊富に存在していて投資の利子弾力性が充分に大きい場合には，第1図の総需要曲線は横軸に平行に近い曲線となり，η は大となるであろう．これは市場価格の需給調節機能を重視する古典学派の人々の主張にとって適合的な経済の状態である．しかし η がどの程度の大きさであるか（そして η_c の重要性が無視されるとすれば，η の大小関係は η_I の大小関係に依存している）の問題も，基本的には実証的研究の課題であって，それに対してわれわれはア・プリオリィな断定を下すことはできない．

第 3 章
ケインズ学派の産出量と物価水準の決定機構

―――――――

1 外生的貨幣供給論のケインズ学派のモデル

ケインズの均衡体系　第1章でわれわれは、固定価格法の下でのケインズ学派のマクロ体系を、貨幣供給量を外生的政策変数とする立場と利子率を外生的政策変数とする立場の二つに分類した。上述したようにケインズ自身は外生的貨幣供給論の立場に立っており、ケインズ体系を祖述したヒックス＝ハンセンもそうである。本章においてわれわれが依拠するのはケインズ＝ヒックス＝ハンセンの伝統的なケインズ学派のモデルであって、第1章の第1表の記述によるならば、それは

$$I(\underset{\ominus}{r}) = S(\underset{\oplus}{Y}) \tag{3.1}$$

$$\frac{M}{P} = L(\underset{\oplus}{Y},\ \underset{\ominus}{r}) \tag{3.2}$$

$$P = P_0 \tag{3.3}$$

$$M = M_0 \tag{3.4}$$

で示されるような体系である。

　その図表　第2図の2本の曲線は上述のケインズの均衡体系のあり得べき状態を図示したものである。(3.1)は右下がりの曲線で示され、経済がこの曲線上にあれば生産物市場の需要と供給とは均衡している。これに対して右上がりの曲線は所与とされる M_0/P_0 の下での(3.2)の状態を示したものであって、同様に経済がこの曲線上にあれば貨幣市場における需要と供給とは均衡しているのである。そして2本の曲線の交点 e は生産物市場と貨幣市場とがともに需給均衡の下にある場合の経済状態を示したものに他ならない。

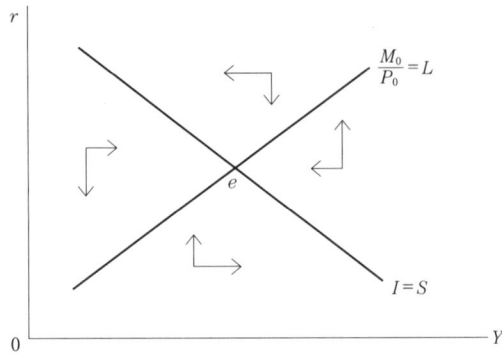

第2図　ケインズの均衡体系の動学的安定性

生産物市場での不均衡の調整　さて，まず生産物市場で不均衡が生じたとしよう．(3.1)によってこれは I と S との間にギャップの生じていることを意味している．もし I が S よりも大ならば生産物市場では超過需要が存在し，S が I よりも大ならば生産物市場では超過供給が存在している．容易に知るように，$I>S$ の状態は経済が $I-S$ 曲線の左側におかれている場合であり，$S>I$ の状態は経済が $I=S$ 曲線の右側におかれている場合である．では生産物市場で不均衡が存在している時，経済にはどのような調整が生じるのであろうか．ケインズの「有効需要の原理」によれば，最も直截にそれは次の方程式によって示すことができる．

$$\frac{dY}{dt} = \alpha \{ I(\underset{\ominus}{r}) - S(\underset{\oplus}{Y}) \} \qquad (3.5)$$

ここで，α はプラスのパラメーターであって，その逆数は生産物市場での不均衡を是正するのに必要な時間の長さを示し（例えば $\alpha=0.5$ とすれば不均衡は2期間で調整されることを示す），t は時間を示す記号である．そして第2図において Y は $I=S$ 曲線に向けて水平の運動を示しているが，これはまさに(3.5)の関係を示したものに他ならない．

貨幣市場での不均衡の調整　次に貨幣市場で不均衡が生じたとしよう．(3.2)によってそれは M/P と L との間にギャップの生じることを意味する．例えば

第3章　ケインズ学派の産出量と物価水準の決定機構　　　　21

$$\frac{M_0}{P_0} > L(\underset{\oplus}{Y}, \underset{\ominus}{r})$$

とすれば，これは貨幣市場で超過供給が存在し，第2図において経済は $M_0/P_0=L$ 曲線の上方に位置していることを示しているのである．この時，ケインズの流動性選好説によれば，人々は過剰となった遊休貨幣を有価証券に投資する．かくして他の事情にして一定ならば証券価格は上昇し，その利回りは下落する．逆の場合には逆である．このようにしてわれわれは

$$\frac{dr}{dt} = \beta\left\{\frac{M_0}{P_0} - L(\underset{\oplus}{Y}, \underset{\ominus}{r})\right\} \qquad (3.6)$$

という動学方程式を提出することができる．ここで再び β はプラスのパラメーターであって，その逆数は不均衡を是正するのに必要な時間の長さに等しい．第2図の $M_0/P_0=L$ 曲線に向けての垂直の矢印の直線はこの動学方程式の態様を示したものである．しかるにもし貨幣市場においては不均衡に対する調整が速やかに進行すると考えるならば，β は大きな値となり，事実上 β が無限大ならば，経済は常に $M/P=L$ 曲線の上に位置していることになるのである．

　　動学的安定性　　以上で，生産物市場および貨幣市場におけるケインズ的不均衡調整のメカニズムが明らかにされた．第2図の矢印による運動の位相図から明白なように，Y と r のいかなる組み合わせの初期値からスタートしても，経済は必ず e 点に収束するのである．すなわち，ケインズ的均衡状態は動学的に安定である．その意味でわれわれは現実の経済があたかも常に e 点上にあると前提にして議論を進めても非現実性に陥ることはない．

　　均衡水準の比較静学　　さて，第2図において，M が増加するか P が低下すれば，実質貨幣供給量は増大し，$M_0/P_0=L$ 曲線が右側にシフトすることをみるのは容易であろう．もし $I=S$ 曲線にして変化がなければ，均衡状態の e 点は $I=S$ 曲線にそって右方にシフトし，国民所得 Y は増大し利子率 r は低下する．そこでいま，与えられているパラメーターの変化にともなう新しい均衡状態と旧均衡状態とを比較することを「比較静

学」comparative statics とよべば，均衡状態における Y および r は次の方程式によって示すことができる．

$$Y = Y(\underset{\ominus}{P_0},\ \underset{\oplus}{M_0}) \tag{3.7}$$

$$r = r(\underset{\oplus}{P_0},\ \underset{\ominus}{M_0}) \tag{3.8}$$

比較静学とは，Y および r が P および M の変化によってどのように変化するかを検証することに他ならない．そして Y および r は P および M が同一の率で変化している限り以前と同一の水準にとどまることをみるのは容易であろう．これらの Y および r の均衡値は数学の用語では P と M とに関して「ゼロ次同次」の関数である．

2　固定価格法の総供給価格曲線

ヒックスの固定価格法　われわれは先に，フリードマンに従って，産出量を外生的変数とする古典学派に対して価格水準を外生的変数とするケインズ学派の立場を

$$P = P_0$$

で示した（第1章2節）．そしてわれわれはヒックスの用語を用い，物価水準を外生的とする方式を「固定価格法」と名づけた．ここで再び，ケインズ体系における固定価格法は，物価水準の変化の原因が設定された経済モデルの外側の要因に依存しているという意味で固定的であることを銘記しなければならない．例えば，生産費を構成する賃金コストや輸入原材料価格が上昇した場合，それによって物価水準が上昇してもそれは固定価格法の考え方とは矛盾しないのである．以下においてもわれわれは，ヒックスの意味での固定価格法の考え方を採用する．

所得分配率の安定性　固定価格法に立脚しているとして，ケインズが具体的にどのような価格形成の方式を提示しようとしていたかは今日でも明らかではない．但し，『雇用の一般理論』の出版後に行なわれた J. ダンロップおよび L. ターシスとの論争においてケインズが，所得分配率の安定性について次のように述べていることは注目されるであろう．

「私が言っているのは，明らかに全体としての産出量の水準や景気循

環の局面にかかわりなく，労働に帰属する国民分配分の割合が安定しているということである．これはイギリスおよび合衆国の双方について，全経済統計の中で最も驚くべき，しかも最もよく確立された事実の一つである」([10] p.411)．

そしてケインズはその論証のために1911年から35年までの米英の数値を引用し，さらに次のように述べている．

「主として注目すべきことは，各国についてのこの比率が安定していることであり，これは単に短期的な現象であるだけではなく，長期的な現象であるように見える」([10] p.412)．

フル＝コスト原理による価格形成　所得分配率一定性の仮説に適合的なモデルとしてわれわれが依拠するのは，オックスフォード大学の経済学者による企業調査に端を発した「フル＝コスト原理」による企業の価格形成の方式である[7]．これは以下のように定式化される．まず，生産費を「主要費用」prime cost と「固定費用」の二つに分類する．すなわち

$$生産費＝主要費用＋固定費用$$

である．ここで主要費用は原材料費と賃金費用を意味する．すなわち

$$主要費用＝原材料費＋賃金費用$$

である．そこで原材料費の賃金費用に対する比率を j で示すならば，

$$主要費用＝(1+j)賃金費用$$

となる．さらに $W=$ 貨幣賃金率，$N=$ 雇用労働者数とすれば，賃金費用は

$$賃金費用＝W\cdot N$$

である．しかるにオックスフォードの企業調査によれば，調査の対象となった大部分の企業は，主要費用を生産量で割った「平均主要費用」をベースにして，固定費用をカバーしかつ所望の企業利潤を実現するための加算率をこれに乗じて価格決定を行なうものとされる．その加算率を m で示すならば，かくして企業の価格形成の方式は

---

[7]　調査の対象になったのは1937年から38年にかけての当時のイギリスを代表する38の企業であって，すべて面接調査である．その詳しい内容はホールおよびヒッチの共同論文([3])に発表されている．

$$P = (1+m)(1+j)\frac{WN}{Y} \qquad (3.9)$$

によって定式化される．明白なように，国民所得に占める労働所得の割合は

$$\frac{WN}{PY} = \frac{1}{(1+m)(1+j)} \qquad (3.10)$$

となる．差し当たり m および j を所与のパラメーターとすれば，かくして所得分配率も一定である．

総供給価格関数　さて，技術水準および資本ストックが所与とされている状況の下では，収穫逓減の法則性によって，N を Y で割った比率（その逆数は経済全体としての労働生産性）は Y の増大とともに逓増する（従って労働生産性は逓減する）．そこで(3.9)において m および j を所与としかつ N/Y を Y の増加関数とみなすならば，われわれは直ちに

$$P = F_s(\underset{\oplus}{W},\ \underset{\oplus}{Y}) \qquad (3.11)$$

を提出することができる．以下でこれを「総供給価格関数」aggregate supply price function または「総供給価格曲線」と名づける．この関数は，与えられている（あるいは労使間で取り決められた）貨幣賃金率 W の下で企業が生産しようとしている産出量に対して行なう価格決定の行動を示しているのである．

供給曲線との相違　しかしわれわれはここで，この総供給価格曲線がいわゆる「供給曲線」の逆関数でないことに最大限の注意を払う必要がある．一般に供給曲線は，その時々に与えられた市場価格の下で企業が供給してもよいと判断する産出量と市場価格の関係を示すものであるのに対して，ここで主張されているのは，生産される産出量に対して企業が設定しようとする価格水準を示しているのである．通常，供給曲線の場合にはプライス・テーカーの企業者が想定されているのに対して，ここではプライス・メーカーの企業の存在が想定されているのである．

フル＝コスト原理における困難性　さて，フル＝コスト原理に対する

批判点は，利潤加算率についてこれを企業の利潤極大の行動原理に即して分析せず，単純にそれを経験的加算率として前提しているにすぎない，という点に存在している．もちろん，これまでも利潤加算率に対して，企業の利潤極大の仮説に従ってこれを合理的に説明しようとする幾多の試みがなされてきたし，また今後にも恐らくはそのような試みは行なわれるに相違ない．しかしそれらの試みは，例えば企業が完全独占であるのか寡占的競争の状態にあるのか，ライバル企業はいかなる行動をとっているのか，生産物に関する品質競争の存在がどの程度かなどにより，ケース・バイ・ケースの分析を余儀なくされ，それらに現実に即した一般的定式化を与えることは困難なのである．同じことはフル＝コスト原理または「マーク・アップ価格形成の原理」についても言える．その意味においてわれわれは，差し当たり産業における不完全競争の程度は与えられているものとし，利潤加算率を一つの所与のパラメーターとして取り扱うことに満足しなければならない．

実質賃金決定関数　以上でわれわれはケインズ体系に適合的なものとして，フル＝コスト原理による価格決定の方式を提示した．しかるに，フル＝コスト原理の下で m および j を所与とするならば，この原理が同時に所与の貨幣賃金率 W の下における「実質賃金率」W/P の決定の方式ともなっていることは明らかである．なぜならば，(3.10) から

$$\frac{W}{P} = \frac{1}{(1+m)(1+j)} \frac{Y}{N} \tag{3.12}$$

が得られるからである．上述したように Y/N は Y の増大とともに減少する変数である．そこでこの方程式の右方の全体を $\xi(Y)$ で示すならば，所与の m および j の下で $\xi(Y)$ は Y の減少関数である．すなわち

$$\frac{W}{P} = \xi(\underset{\ominus}{Y}) \tag{3.13}$$

となる．そしてわれわれはこれを「実質賃金決定関数」real wage determination function と名づける．第3図はそのあり得べき状態を示したものに他ならない．

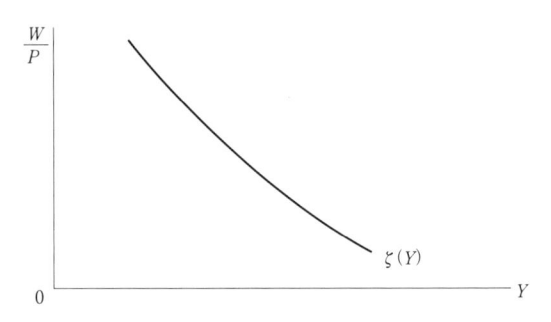

第 3 図　実質賃金決定関数

古典学派の第一公準との関係　一見したところ，この第 3 図は，次節で示される古典学派雇用理論の第一公準の「労働需要関数」と全く類似している．古典学派によれば，実質賃金率が与えられると，それが収穫逓減の法則によって右下がりの曲線で示される労働の限界生産力と等しくなるように雇用量が決定されることが主張される．これに対してここでは，有効需要の原理によって産出量（従って雇用量）が決定され，その産出量に対応して実質賃金率が決定されることが主張されているのである．ケインズは1933年の『草稿』において次のように述べた．

「私のポイントは，生産の設備および技術が与えられると，雇用量は「需要」demand に依存するであろうということ，そしてもし需要の増大があり，それがより大きな産出量，従ってより低い労働の限界生産力，従ってより低い実質賃金を導いたとしても，これは一般的には労働によってそのサービスが撤回されるというようには推論さるべきではないのである．従って何が需要を決定するのかを発見することが本質的なのである．繰返して言うが，このことこそが私の本当の研究内容である．そしてこれに対する私の回答は，それを一つのセンテンスで言うならば，支出性向が与えられているならば，需要は投資量の関数である，ということ，これである」（[13] p.516）．

古典学派の雇用決定論を「実質賃金率による雇用決定論」とよべば，ケインズの雇用決定論の本質は「有効需要による雇用決定論」であるのであって，両者は明白に区別されなければならない[8]．

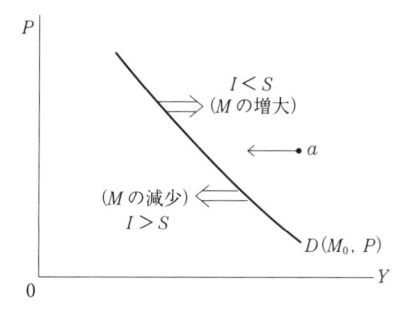

第4図　総需要曲線と産出量の調整

3　産出量と価格水準の決定機構

均衡体系における産出量と価格水準　　以上でわれわれは，ケインズ体系の下での総需要関数(2.3)とケインズ体系に適合的な総供給価格曲線(3.11)の二つの方程式を提示した．そこでこの二つの方程式

$$Y = D(\underset{\oplus}{M}, \underset{\ominus}{P})$$
$$P = F_s(\underset{\oplus}{W}, \underset{\oplus}{Y})$$

を連立させ，M および W を外生的与件とみなすならば，この二個の方程式からわれわれは，所与の M および W の下で，生産物市場において需要と供給が均衡しかつ企業が設定する利潤加算率の下でその利潤が実現している場合の Y と P の二つの変数の均衡値を決定することができるのである．以下でわれわれは M および W の変化によって均衡値の Y および P がどのように変化するかを分析する．しかしこの問題に進む前にわれわれは改めて，Y および P が均衡値と異なった場合，それが再び元の均衡値に復帰することができるのかどうか，すなわち均衡状態の動学的安定性を吟味しておく必要がある．

産出量の調整機構　　第4図は前章で導いた総需要曲線を再掲したものである．既述のごとく，もし貨幣市場で常に需給均衡の $M/P = L$ が成立

---

8)　ケインズ経済学に関するこのような理解は，まだ学会においては一般的承認をうけてはいない．第4章で述べる古典学派の第一公準をケインズ経済学において受容するのが学会における多数派である．

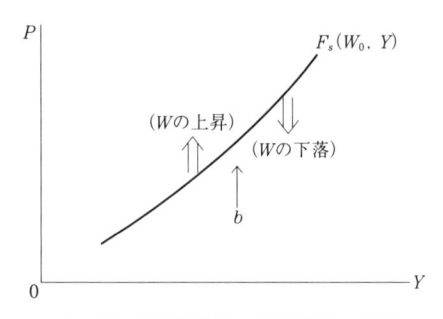

第5図 総供給価格と物価水準の調整

しているものとすれば，図の a 点では生産物市場は超過供給の状態にあり，$S>I$ が成立している．これに対して P と Y の組み合わせが D 曲線の左側におかれているとすれば，生産物市場は反対に超過需要であって $I>S$ である．論じるまでもなく，この D 曲線は M の増大とともに右方にシフトし，M の減少とともに左方にシフトする．しかるにケインズの有効需要の原理によれば，経済が a 点にあれば企業は所与の価格水準を前提にして D 曲線に向けて産出量を縮少させ，全く逆のことが P と Y の組み合わせが D 曲線の左側に存在する場合にも生じるのである．かくしてわれわれは，このようなケインズ的調整機構を簡単に

$$\frac{dY}{dt} = \alpha\{D(M, P) - Y\} \qquad (3.14)$$

によって示すことができる．ここで α は不均衡を調整するのに必要な時間の逆数を示すプラスのパラメーターであって，もし α が充分に大きければ，事実の問題として経済は常に D 曲線上に位置することになる．

物価水準の調整機構　これに対して第5図は上述の総供給価格曲線 (3.11) のあり得べき状態を示したものである．上述したようにこの曲線は，所与の貨幣賃金率 W_0 の下で企業が各産出量に対して設定しようとする物価水準の関係を示したものであって，これが右上がりであるのは与えられた資本設備と技術水準の下での収穫逓減の法則性の作用によるのである．論じるまでもなくこの曲線は W の上昇とともに上方にシフトする．いま，現実の経済が総供給価格曲線から離れたところ，例えば b 点におかれていたとしよう．このような状況は，例えば労働組合の要求によって W が

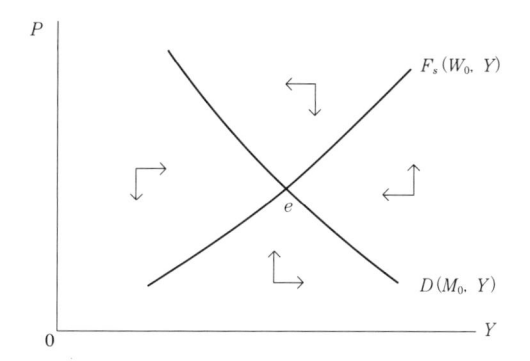

第6図 ケインズ均衡状態の安定性

引き上げられた場合にみられるであろう．この時，企業は所望の企業利潤を実現すべく，F_s曲線に向けて価格を引き上げるであろう．b点からF_s曲線に向けての矢印はこのことを示している．逆のケースは価格水準がF_s曲線の上方に存在する場合にも生じる．そしてわれわれは，この物価水準の調整運動を，最も簡潔に

$$\frac{dP}{dt} = \beta\{F_s(W, Y) - P\} \qquad (3.15)$$

によって記述することができるのである．ここでβはプラスのパラメーターであってαと同様に不均衡の調整に必要な時間の逆数であり，もしβが充分に大であれば経済は常に総供給価格曲線上に存在することになる．そして産出量の不均衡の調整に要する時間の長さに比べて価格水準の不均衡の調整に要する時間の方が短いとすれば，(3.14)におけるパラメーターαよりもβの方が大であると考えて差し支えない．

均衡状態の動学的安定性　第6図は第4図と第5図とを重ねあわせた位相図である．二本の曲線によって四個の局面が区別されるが，このいずれの局面にPとYとの初期値が与えられようとも，この矢印シェーマが示すように，それらは必ずe点に収束するのである．そしてこのことは，(3.14)と(3.15)で示される．この変動方程式を連立させてMおよびWを所与のパラメーターとみる時，この変動方程式で示されるYおよびPは動学的に安定であることを意味している．その意味でわれわれは，ケイ

ンズ体系の考察において，経済が均衡状態にあるケースに注目して分析を進めることが可能となる．

第4章

古典学派の産出量と価格水準の決定機構

―――――――

1　完全雇用の体系

問題の提起　さて第2章でわれわれは(1.1)および(1.2)を前提にして経済全体の「総需要曲線」を導出し，それを
$$Y = D(\underset{\oplus}{M},\ \underset{\ominus}{P})$$
で示した．その際にわれわれは，この方程式は $Y \cdot P \cdot M$ の変数の間の関数関係を明示しているが，この関数それ自体はそれら変数の間の因果関係を示すものではないことを指摘した．しかるにもしこの方程式を所与の M および所与の Y の下で P を求めるというように読むならば，上述したように，それは古典学派的である．そしてその際にわれわれは所与とされる Y の水準を Y_e で示し，それを「完全雇用産出量」と名づけた．しかしここで改めて，完全雇用産出量あるいは完全雇用所得水準の意義およびその決定のメカニズムが明らかにされなければならない．これがまず本節の課題である．

古典学派雇用理論の第一公準　さて，生産技術および資本ストック量が所与とされる短期の下での生産関数を
$$Y = F(N) \tag{4.1}$$
で示すことにしよう．この生産関数に対しては，その第一次微分 dY/dN（すなわち労働の限界生産性）はプラスであるが，周知の収穫逓減の法則性によってその第二次微分 dY^2/dN^2 はマイナスであることが前提にされる．しかるに企業がプライス・テーカーとして行動するならば，利潤極大の場合には

$$P \cdot \frac{dY}{dN} = W \tag{4.2}$$

が成立する．なぜならば，この方程式の左辺は追加的労働一単位にともなう限界収入であり，右辺の W は同じく追加的労働一単位にともなう限界費用であって，これは周知の限界収入＝限界費用の条件を労働市場に適用したものに他ならないからである．そしてこれより，ケインズが古典学派雇用理論の第一公準とよんだもの，すなわち

「賃金は労働の価値限界生産物に等しい」（[9] p.16）

という命題が提出されるのである．あるいは全く同じことであるが，(4.2)の両辺を P で割れば

$$\frac{dY}{dN} = \frac{W}{P} \tag{4.3}$$

となる．W/P は労働の実質賃金率を示している．かくして企業利潤極大の下では労働の限界生産物は労働の実質賃金率に等しくなければならないのである．

労働に対する需要曲線　　第7図は，縦軸に労働の実質賃金率，横軸に労働の雇用量を測定した場合の古典学派雇用理論の第一公準を図示したものである．この図の右下がりの曲線は実質賃金率と雇用量の関係を示したものであり，もし労働の実質賃金率が与えられるならば，企業はそれが労働の限界生産力に等しくなるように（すなわち利潤が極大になるように）この曲線上の点を選択する．その意味でこの曲線は労働に対する需要表を示しているということができる．そしてこの曲線が右下がりであるのは収穫逓減の法則性から生じるのである．そこで労働の需要量を N_d で示し，このような関係を

$$N_d = f\left(\underset{\ominus}{\frac{W}{P}}\right) \tag{4.4}$$

で示す．関数 f は W/P の減少関数である．

古典学派雇用理論の第二公準　　さて，企業がその利潤を極大にするように雇用量を決定するのと同様に労働者は，実質賃金から得られる限界効

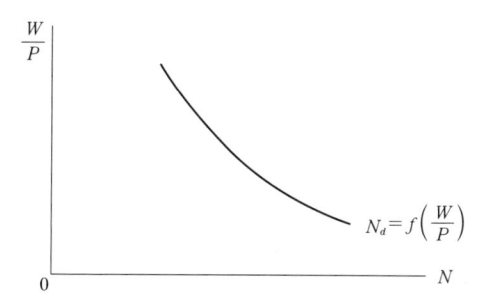

第 7 図 労働に対する需要曲線

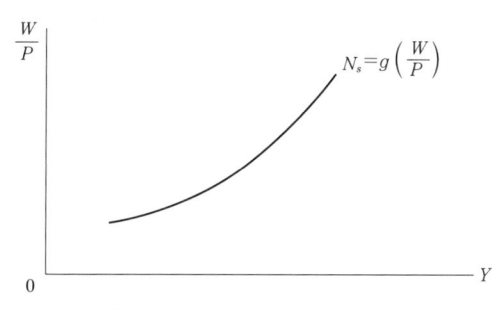

$$N_d = f\left(\frac{W}{P}\right)$$

第 8 図 労働の供給曲線

$$N_s = g\left(\frac{W}{P}\right)$$

用とその実質賃金を入手するために投入しなければならない労働負担からの限界苦痛とを比較してその供給量を決定するであろう．再びこれをケインズの叙述に従うならば，

> 「一定の労働量が雇用される場合，賃金の効用はその労働量の限界不効用 marginal disutility に等しい」（[9] p.5)．

のである．ケインズはこれを古典学派雇用理論の第二公準と名づけ，古典学派の体系における労働供給表を示すものとした．もし雇用量の増大とともに賃金所得からの効用よりも労働の限界不効用が大となるようなものであるならば，より多くの雇用量を獲得するためには実質賃金率は上昇していなければならない．$N_s =$ 労働供給量とするならば，この時，N_s は W/P の増加関数となる．これに対して労働の不均用を補って余りあるだけ増大する賃金所得からの効用の方が大きければ，N_s は W/P の減少関数である．そしてこれらの関数をわれわれは

$$N_s = g\left(\frac{W}{P}\right) \qquad (4.5)$$
$$\underset{\oplus}{}$$

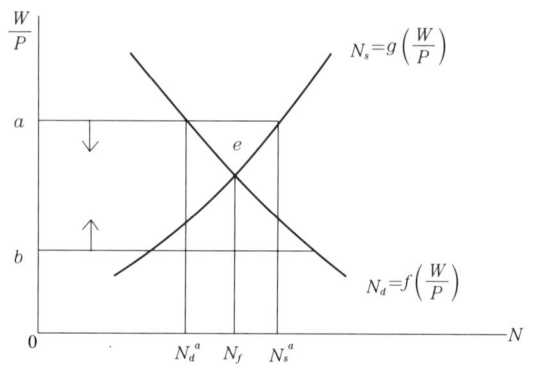

第 9 図　完全雇用の体系

で示す．しかしながら以下の分析では，単純化のために，労働供給関数 g は W/P の増加関数であると仮定する．第 8 図はそのような状態を図示したものである．

完全雇用の体系　　以上で古典学派における労働市場での需要曲線および供給曲線の定式化が完了した．第 9 図はこの二つの曲線を重ねあわせたものであって，この二つの曲線の交点 e に対応する雇用量 N_f こそがまさに完全雇用の労働量であり，この N_f によって生産される Y の水準 Y_e，すなわち

$$Y_e = F(N_f) \tag{4.6}$$

が「完全雇用産出量」に他ならないのである．いま，最初に実質賃金率が a の水準に与えられていたとする．この時，労働の需要量は N_d^a，労働の供給量は N_s^a となる．労働市場では $N_s^a > N_d^a$ であり，労働の超過供給が発生する．もし自由競争の下での労働市場を考えるならば，かくして超過供給によって貨幣賃金率（従って実質賃金率）は下落するであろう．逆のことは実質賃金率が a 点よりも低い b の水準に与えられた時に生じる．そして競争のメカニズムを通じて経済は完全雇用の水準に収束し，産出量も完全雇用の所得水準に収束するのである．われわれが古典学派の体系において

$$Y = Y_e$$

としたのは，以上のような実質賃金率の調整による市場機構を前提にして

いるからである．

2　古典学派のマクロ体系

古典学派の均衡体系　われわれは本篇の第１章でフリードマンの「共通モデル」から出発し，伸縮価格法に立脚する古典学派の均衡体系を

$$I(\underset{\ominus}{r}) = S(\underset{\oplus}{Y}) \qquad (4.7)$$

$$\frac{M}{P} = L(\underset{\oplus}{Y},\ \underset{\ominus}{r}) \qquad (4.8)$$

$$M = M_0 \qquad (4.9)$$

$$P = P_0 \qquad (4.10)$$

によって示した．そして前節でわれわれは，古典学派雇用理論の第一公準と第二公準を提出し，産出量 Y が完全雇用産出量 Y_e に収束するメカニズムを明らかにした．しかしここで，完全雇用の成立を自明のものとみなす上述の体系において，生産されたものが残りなく需要される具体的メカニズムを明らかにすることが問われるであろう．そしてこれによって，供給はそれ自らの需要を作りだすという「セイの販路法則」の内容が明確となるのである．

生産物市場での不均衡の調整　ケインズの均衡体系の分析においてわれわれは M および P を外生変数としたが，ここでも(4.9)および(4.10)の成立を前提にし，M および Y_e を外生変数として生産物市場および貨幣市場が不均衡に陥った場合について考察しよう．まず，生産物市場で不均衡が生じたならば，いかなる調整が進行するのであろうか．この問題についてケインズは，伝統的理論は

> 「利子率を投資需要と貯蓄志向とを互いに均衡させる要因とみなしていることはかなり明白である．〔それによると〕投資は投資可能資金に対する需要を示し，貯蓄はその供給を示し，他方，利子率は両者が均等になる場合の投資可能資金の「価格」である．あたかも商品の価格が，その需要と供給とが均等になる点において必ず決定されるのと同じように，利子率も市場の力の作用によって，その利子率における

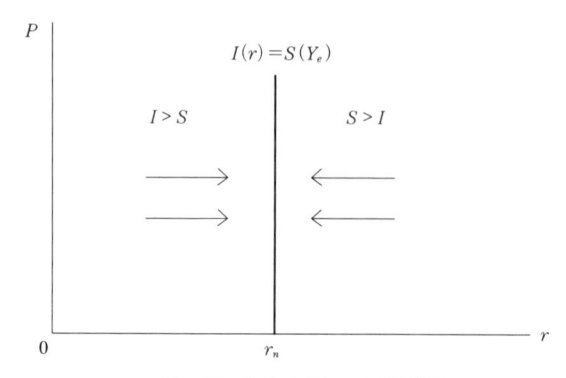

第10図 資本市場での調整過程

投資量とその利子率における貯蓄量とが均等になる点において必ず静止する」（[9] p.173）
と述べるのである．もしケインズのこの叙述を前提にするならば，生産物市場における不均衡の古典学派的調整をわれわれは

$$\frac{dr}{dt} = \alpha\{I(\underset{\ominus}{r}) - S(\underset{\oplus}{Y})\} \qquad (4.11)$$

によって示すことができる．ここで α はプラスのパラメーターであって不均衡を調整するのに必要な時間の逆数である．そしてこのような考え方は利子率に関する「貸付資金需給説」Lohnable Fund Theory として知られている[9]．

図表による説明　第10図は，横軸に r，縦軸に P を測定した場合の(4.11)の調整メカニズムを図示したものであって，貯蓄関数には $Y=Y_e$ が前提されている．この図の横軸上の r_n は

$$I(r) = S(Y_e) \qquad (4.12)$$

から決定される r の水準であって，所与の $S(Y_e)$ によってそれはユニー

---

[9]　貸付資金の需給によって利子率が決まるとする考え方を主張したのはケインズの門下生 D.H.ロバートソンである（[12]）．これに対してケインズの流動性選好説は上述の(3.6)で示されているように

$$\frac{dr}{dt} = \beta\left\{\frac{M}{P} - L(Y, r)\right\}$$

であって，ケインズは貸付資金説の立論を拒否した．

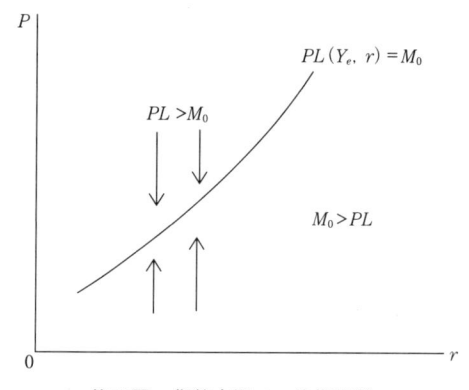

第11図　貨幣市場での均衡調整

クに定まる．後述するように r_n は「自然利子率」とよばれ，それは物価水準 P から独立しており，従って $I=S$ 曲線は r_n の水準に立てた垂直線で示されるのである．そしてこの直線の右側では $S>I$ であって貸付資金市場は超過供給であり，r は低下し，反対にその左側では $I>S$ であって，r は上昇するのである．それらの運動が水平の矢印で示されている．

貨幣市場での不均衡の調整　　次に (4.8) の両辺に P を乗じて，例えば
$$M_0 > P \cdot L(Y_e, r)$$
のケースを考えてみよう．これは貨幣市場で超過供給の存在していることを示している．この時，古典学派の貨幣数量説の教義によれば，過剰な貨幣は財貨に対する支出に向けられ，労働の完全雇用においてはそれは物価水準の上昇を導くものとされる．逆の場合には逆である．かくしてこれよりわれわれは

$$\frac{dP}{dt} = \beta\{M_0 - P \cdot L(Y_e, \underset{\ominus}{r})\} \tag{4.13}$$

の方程式を提出することができる．ここで β は α と同様にプラスのパラメーターであって不均衡を調整するのに必要な時間の長さの逆数である．

図表による説明　　第11図は (4.13) の調整メカニズムを図示したものである．この図の右上がりの曲線は所与の M_0 および Y_e の下での P と r との関係を図示したものである．もし経済がこの曲線上にあれば貨幣市場で

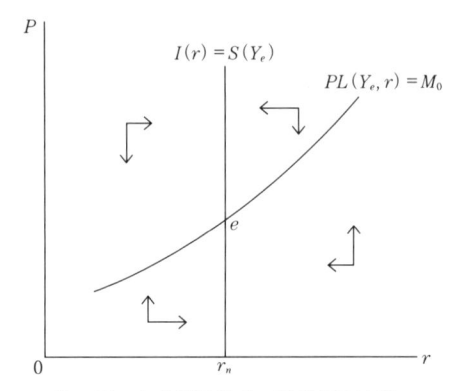

第12図 古典学派体系の動学的安定性

は需給均衡が成立している．これに対して P と r の組み合わせがこの曲線の下方にあれば，$M>PL$ であって，P は上昇し，反対にこの曲線の上方にあれば $PL>M$ であって，P は下落するのである．垂直線の矢印はこのことを示したものに他ならず，経済は $M=PL$ の均衡状態に向かって収束するのである．

古典学派均衡体系の動学的安定性　以上でわれわれは，生産物市場および貨幣市場がそれぞれ不均衡におかれた場合の古典学派の調整メカニズムを

$$\frac{dr}{dt} = \alpha\{I(r) - S(Y_e)\}$$

$$\frac{dP}{dt} = \beta\{M_0 - PL(Y_e, r)\}$$

の二箇の方程式で示した．再述すると，最初の方程式は生産物市場における古典学派の「貸付資金需給説」の立場，次の方程式は貨幣市場における古典学派の「貨幣数量説」の立場を表示している．M および Y が所与のパラメーターとされるこの二個の動学方程式は r および P の二箇の変数を決定するのに充分である．そして第12図は，上の第10図および第11図を一枚の図表にまとめた位相図である．二本の曲線によって四箇の局面が区分されている．そしてこの矢印シェーマが示すように，P と r の組み合わせがこの局面のいかなる所に与えられようとも，それは必ず e 点に収束するのである．その意味で労働の完全雇用を前提にした古典学派の均衡

体系は動学的に安定であり，従ってわれわれは現実の経済が常に e 点の上にあると仮定しても現実性を損なうことはないのである．

3　貨幣の中立性

自然利子率　以上で古典学派の体系における完全雇用成立のプロセスが明らかにされた．そこで再び完全雇用が成立している均衡状態，すなわち

$$I(r) = S(Y_e) \tag{4.12}$$

$$\frac{M_0}{P} = L(Y_e, r) \tag{4.14}$$

の状態に注目しよう．われわれは(4.12)で決まる利子率を r_n で示した（第10図参照）．スウェーデンの経済学者K.ウィクゼルの用語に従い，r_n を「自然利子率」natural rate of interest とよぶ．換言すると自然利子率は実物経済の体系において労働の完全雇用が成立した場合の均衡利子率に他ならない．上述したように，現実の利子率が一時的には自然利子率と異なり得るとしても，やがて利子率は自然利子率の水準に収束する．例えば，r が r_n よりも低い r_0 の水準におかれた場合，当然にそこでは

$$I(r_0) > I(r_n) = S(Y_e)$$

が成立し，貸付資金に対する需要はその供給を上回る．古典学派の貸付資金需給説によれば，その時には利子率は騰貴し，利子率の騰貴とともに I は減少し，r は結局には r_n に均等になるとされるのである．問題は r が r_n よりも低い水準におかれた場合である．

ウィクゼル的累積過程　K.ウィクゼルは古典学派の貨幣数量説に立脚する経済学者である．そして彼は，古典学派の経済学者と同様に，実物体系では完全雇用が成立するものと前提している．しかるにウィクゼルは，貨幣利子率には一種の「惰性の原理」が作用し，銀行家（貸付資金の供給者）は決定した利子率を簡単には変更しない習性をもっていると主張する．もしそうであるとすれば，資金市場における超過需要の状態は直ちには解消しない．ではいかなる修正のプロセスが生じるのであろうか．この設問

に対してウィクセルは「純粋信用経済」を想定する．これは現金準備率の制約をうけることなく必要に応じていくらでも信用供給が可能となる経済のことである．従ってもし貸付資金が不足すれば，その不足分は新しい信用創造によって補われるのである．しかるに完全雇用の下での貨幣数量説の論理によれば，貨幣供給量の増大は物価水準の上昇をもたらす．そして r が r_n よりも低い水準に維持される限り貨幣供給量の増大が続き，物価水準も同様に騰貴し続けるのである．これが「ウィクセル的累積過程」とよばれているものに他ならない[10]．ウィクセルによれば，インフレーションは r が r_n よりも低い水準に維持されることによって生じる現象である．

貨幣の中立性　しかし貸付資金の供給者における惰性の原理も，インフレ過程で貸付資金の実質価値が下落し続けるならば，やがて終熄する．なぜならば，資金の貸手はやがてその実質価値を維持しようとして貸付利子率を引き上げるであろうからである．このようにして r が r_n に等しくなればインフレ過程は終焉し，究極的には古典学派の均衡体系が成立する．かくして

$$\frac{M}{P} = L(Y_e, r_n)$$

となる．$L(Y_e, r_n)$ はコンスタントである．かくして M と P とは完全な正比例の関係に立ち，M が2倍になれば P も2倍になる．このように貨幣供給量の変動は実物体系には何等の影響も与えず，それは単に P を比例的に変化させるにすぎないという主張，これを「貨幣の中立性」neutrality of money という．かくして古典学派は貨幣の中立性の考え方に立脚した経済学の体系であるということができるのである．

---

10) A.J.ブラウンは，ウィクセルの関係式（Wicksell relation）を簡潔に
$$P_1 - P_0 = k(n-r)$$
で示している．ここで $n=$ 自然利子率，$r=$ 利子率，$P=$ 卸売物価指数，$k=$ プラスのパラメーターである（[1]，p.42）．ブラウンはイギリスの1849年から1936年までの統計資料を用い，「長期利子率と卸売物価水準は同一の動きを示しているが，その長期的な全運動で後者は前者を約一年間リードしている」ことを発見した．

第Ⅰ篇　参照文献

[1] Brown, A. J., "Interest, Prices, and the Demand Schedule for Idle Money", 1950 ([3]).
[2] Friedman, M., *Monetary Framework: A Debate and his Critics*, 1974（加藤寛孝訳『フリードマンの貨幣理論』1978）.
[3] Hall, R. L. and C. J. Hitch, "Price Theory and Business Behaviours", 1950 ([17]).
[4] Hansen, A., *A Gide to Keynes*, 1953（大石泰彦訳『ケインズ経済学入門』1957）.
[5] Hicks, J. R., "Mr. Keynes and the Classics; A suggested Interpretation", *Econometrica*, 1937, 5 April pp. 147-59.
[6] Hicks, J. R., *Capital and Growth*, 1965（安井琢磨・福岡正夫訳『資本と成長』全2巻, 1970）.
[7] Hicks, J. R., *Critical Essays in Monetary Theory*, 1967.
[8] Hicks, J. R., *The Crisis in Keynesian Economics*, 1974（早坂忠訳『ケインズ経済学の危機』1977）.
[9] Keynes, J. M., *The General Theory of Employment, Interest and Money*, 1936（塩野谷祐一訳『雇用・利子および貨幣の一般理論』1995）.
[10] Keynes, J. M.,「実質賃金と産出量の相対的変動」1939,『エコノミック・ジャーナル誌』, 3月号, 塩野谷訳[9]に所収.
[11] Pigou, A. C., "The Classical Stationary State", *Economic Journal* 53, 1943, pp. 343-51.
[12] Robertson, D. H., "Mr. Keynes and the Rate of Interest", in *Essays in Monetary Theory*, 1940.
[13] Rymes, T. K., *Keynes's Lectures 1932-35, Notes of a Represantive Student*, 1989（平井俊顕訳『ケインズ講義』1993）.
[14] Stiglitz, J., "Methodolical Issues and the New Keynesian Economics", 1992, *Macroeconomics: A Survey of Research Strategies*, (ed. by A. Vercelli and N. Dimitri) pp. 38-86.
[15] Thirlwall, A. P., "Keynesian Employment Theory is not defunct", *Three Banks Review*, 1981 Sep. No. 121, pp. 15-29.
[16] Wicksell, K., *Geldzins und Güterpreise: Eine Studie über die den Tauschwert der Geldes bestimnenden Ursachen*, 1898（英訳1936, 北野熊喜男・服部新一訳『利子と物価』1939）.
[17] Wilson, T. and P. W. S. Andrews, *Oxford Studies in the Price Mechanism*, 1950.

第 II 篇

封鎖体系における安定化政策論

第1章

完全雇用所得と安定化政策論の課題

―――――

1 ケインズ経済学における三種類の失業

ケインズの分類　『雇用の一般理論』においてケインズは，当時の英国の経験をふまえ，労働の失業を次の三種類に分類した．

(1) 摩擦的失業
(2) 自発的失業
(3) 非自発的失業

ケインズによれば，最初の二つは古典学派の完全雇用の概念と矛盾することなくその存在を承認することができる．これに対して第三番目の非自発的失業はケインズ経済学の中核となっているものである．以下，これらの三種類の失業の概念を説明しよう．

摩擦的失業　まず「摩擦的失業」frictional unemployment とは，ケインズによれば

> 「たとえば，誤算や断続的需要の結果，特殊化された資源の相対的数量の間に均衡が一時的に失われることによる失業とか，不測の変化にともなう時の遅れによる失業とか，一つの雇用から他の雇用への転換がただちには行なわれず，したがって非静態的な社会においては，つねにある割合の資源が「仕事と仕事の間」between jobs で利用されないという事実による失業などがそれである」([6] p.6).

現今のテキスト・ブックでは，例えば冬場に休職を余儀なくされる農業労働者のような失業者を「季節的失業」seasonal unemployment とよび，また一方では建設労働者が失業していながら他方ではコンピューター・プログラマーが不足している場合のそれを「構造的失業」structural unemployment とよぶような用語法も散見されるが，以下ではそれらをすべて一括して摩擦的失業とよび，その時々の与えられた経済状況の下で，それは現存する全労働量（これを $\bar{L}$ で示す）の一定の百分率 q（例えば2％）で示されるようなものであるとする．すなわち

$$摩擦的失業 = q\bar{L}$$

である．

自発的失業　次にケインズは「自発的失業」voluntary unemployment を

「一単位の労働が，法律とか，社会的慣行とか，団体交渉の団結とか，変化に対する反応の遅れとか，単なる人間の頑固さとかの結果として，その労働の限界生産力に帰せられる生産物の価値に相応した報酬を受け入れることを拒否したり，あるいは受け入れることができないために生ずる失業である」（[6] p.6）．

と定義する．もし人々が自らの選択によって現行の実質賃金率の下で働くことを拒否するのであれば，彼は自発的に失業を選択しているのである．ケインズによれば，ストライキによる失業もこの定義の範疇に入れてよい．また現代の失業保険の制度の下で労働者が現行の賃金よりも失業給付金の方を選択しているとすれば，失業保険の制度そのものが自発的失業の主要な原因となっていると言うべきである．

非自発的失業　第三番目の「非自発的失業」involuntary unemployment は今日では「循環的失業」cyclical unemployment とか「需要不足 demand deficit による失業」ともよばれている．ケインズは

「賃金財の価格が貨幣賃金に比してわずかに上昇した場合に，現行の貨幣賃金で働こうと欲する総労働供給と，その賃金における総労働需要がともに，現在の雇用量よりも大であるならば，人々は非自発的に失業しているのである」（[6] pp.15-16）．

と定義する．このケインズの非自発的失業の定義は，第1図によって次のように説明できる．この図の右上がりの曲線は縦軸に実質賃金率を測った場合の労働の供給曲線 N_s を示したものであって，事態の本質を変更する

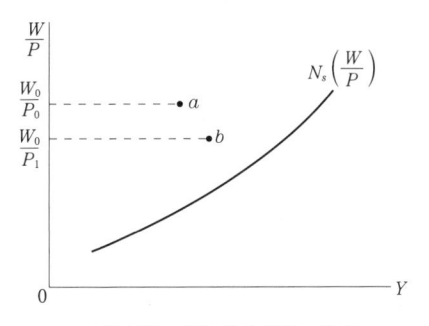

第 1 図　非自発的失業の存在

ことなく，ここでは横軸の労働量を産出量の単位に変換し，かつ単純化のために N_S は W/P の増加関数であると仮定されている．いま，経済が a 点にあったとしよう．その時の実質賃金率は W_0/P_0 である．そこで貨幣賃金率は元のままの W_0 であって物価水準が P_0 よりも高い水準の P_1 に変化し，ために実質賃金が W_0/P_1 となりかつ経済が図の b 点に移行したとすれば，その時，ケインズは労働市場では非自発的失業が存在していたと言うのである．換言するならば，もし現実の経済で雇用量と実質賃金率の組み合わせが N_S 曲線の左側に存在するならば，その時，ケインズの意味での非自発的失業が存在しているのである．

市場の価格機構と非自発的失業　　上でわれわれは非自発的失業の概念はケインズ経済学の中での中核的重要性をもつ概念であると述べた．もちろん，古典学派の場合においても一時的な現象として現実の経済が労働の供給曲線から乖離することは可能である．しかしそれはあくまでも一時的な現象なのであって，自由な市場の価格機構を前提にするならば経済は N_S 曲線上に位置し，従って非自発的失業は存在しないとされるのである．これに対してケインズ経済学では，たとえ自由な市場の価格機構を前提にしても，上述したような「ケインズ的病理現象」（第Ⅰ篇 2 章 3 節を参照）が存在するならば，非自発的失業は長期にわたって存在しうるのであって，その経済こそが経済政策の主要な課題とされるのである．

2 均衡失業率の概念

ケインズ体系での均衡失業率　われわれは先に（第Ⅰ篇3章2節の第3図を参照），ケインズ経済学に適合的な総供給価格曲線を基礎にして「実質賃金決定関数」を定式化し，それを第2図の右下がりの曲線 $\zeta(Y)$ で示した．再述するとこの曲線は，与えられた貨幣賃金率 W_0 に対して企業が決定する価格水準によって決まる実質賃金率と産出量（従って雇用量）の関係を示すものであって，それがこのように右下がりであるのは収穫逓減の法則性を前提にしているからである．これに対して右上がりの $N_S(W/P)$ 曲線は労働の供給曲線を示している．簡単化のためにわれわれはそれは W/P の増加関数であると想定している．さらにこの図の $\bar{Y}$ は現存する労働可能人口をすべて投入した場合に得られる物理的最大可能な産出量を示す変数であり，差し当たり所与のパラメーターである．そして上述したように，この $\bar{Y}$ に対して q なる比率の摩擦的失業が存在している．いま，現実の有効需要の水準が図の Y_e の大きさであり，企業は Y_e の産出量を生産するものとしよう．そして企業は所与の W_0 に対して P_e なる水準の価格形成を行なうものとする．この時，経済はケインズの意味で完全雇用の状態にある．なぜならば，現行の実質賃金率で働きたいと考えている労働者は過不足なくすべて雇用されているからである．もちろん，実際には $\bar{Y}$ と Y_e との差に対応した労働の失業が存在している．しかしその一部は摩擦的失業であり，残りの部分は自発的失業である．そしてわれわれは Y_e を改めて「完全雇用産出量」とよび，$\bar{Y}$ と Y_e との差の $\bar{Y}$ に対する比率を「均衡失業率」equilibrium rate of unemployment と名づける．すなわち

$$均衡失業率 = \frac{潜在的産出量(\bar{Y}) - 完全雇用産出量\ (Y_e)}{潜在的産出量(\bar{Y})}$$

である[1]．

---

[1] 均衡失業率という用語はケインズの著作には見当たらない．後でわれわれは，均衡失業率の概念が M.フリードマンの自然失業率と同等のものであることを指摘する．

第 2 図　三種類の失業

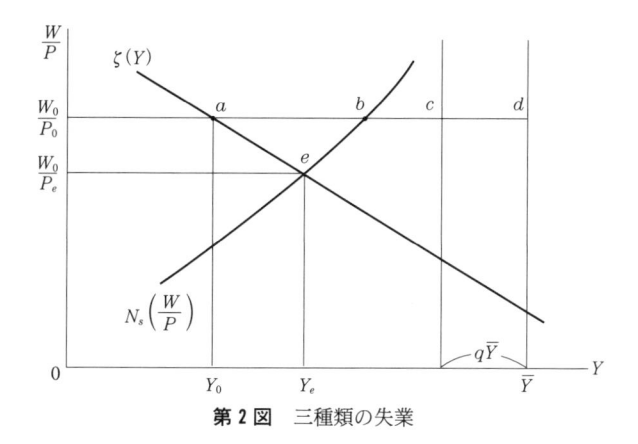

失業の分類　われわれは後述の第Ⅳ篇において，失業率とインフレーションの関係について立ち入った考察を加える．もし現実の経済が第 2 図の e 点にあれば，それに対応した実質賃金率が決定されており，経済には自発的に e 点から離れる動因は存在しない．そしてその時に既に物価水準が一定の率で上昇しているとすれば，貨幣賃金率も同じ率で上昇しているであろう．これに対して第 2 図で有効需要の水準が Y_0 であったとすれば，企業は実質賃金曲線上の a 点を選び，実質賃金率を W_0/P_0 に決定するであろう．図から明らかなように，この時，職を求める労働量は産出量の水準で測定して b 点の産出量である．そして a 点から b 点までの失業こそが需要不足に基づくケインズの非自発的失業に他ならない．もちろん，それ以外にも b 点から d 点までの失業が存在する．この中，b 点から c 点までの失業は自発的失業であり，c 点から d 点までの失業が摩擦的失業である．かくして実質賃金率が W_0/P_0 なる場合の失業は次のように分類することができる．

a 点 ⟶ b 点　　非自発的失業
b 点 ⟶ c 点　　自発的失業
c 点 ⟶ d 点　　摩擦的失業

均衡失業率の測定　もし労働の供給曲線 $N_S(W/P)$ および実質賃金決定関数の具体的形態が計測され，潜在的産出量 $\bar{Y}$ およびパラメーター q が測定されるならば，上述の三種類の失業の大きさを数値によって確定す

ることができるであろう．しかし実際にはいずれの計測も簡単な作業ではない．同じことは均衡失業率の計測についても言える．恐らく均衡失業率の測定についての最も簡単な方法は長期間にわたる失業率の平均値によってそれを代置することであろう．その背後にある論理は，現実の失業率は均衡失業率を中心に上下に変動しており，その長期的平均の水準を計測することはその均衡値からのプラスおよびマイナスの乖離が互いに相殺されるとする考え方である．例えばアメリカでは1948年から85年の約40年間の失業率の平均値は5.6％であったが，この期間についての均衡失業率を5.6％とみなすのである．もちろん，40年もの間，労働供給関数および実質賃金決定関数が不変であったとは到底考えられず，従って均衡失業率も時代の進行とともに変化していると考えるべきであろう．しかしいずれの国でも，均衡失業率の測定は経済政策の運営にとっての重要な研究テーマなのである．

オークンの法則　さて，以上でわれわれは労働の雇用量をすべて産出量のタームで示してきた．これは資本ストックが所与とされる状況の下では許容しうる第一次接近である．これに関して戦後の米国についてA.M.オークンは，失業率1％の変化はGNP3％の変化をもたらし，その関係はかなり安定的であることを発見した．これを「オークンの法則」という[2]．一見した所この数値関係は，収穫逓減の法則性を前提にする生産関数の想定とは両立しがたいように見える．なぜならば雇用率1％の増加に対して産出量の増加は3％となり，労働の生産弾力性は

$$3\% \div 1\% = 3$$

となって，それが1よりも小さいとする伝統的な生産関数の仮説に反するからである．しかしこの数値関係についてはまだ充分に合理的な検討が行なわれず今日に至っている（[10]）．

---

2) A.M.オークン（1928-1980）の経済学者としての研究活動の評価については，J.トービンの論稿（[13]）がある．トービンは「オークンの法則」Okun's Lawにふれ，それを「マクロ経済学の中の最も信頼のおくことのできる経験的法則性である」（[13]，p.700）と述べている．

第 1 章 完全雇用所得と安定化政策論の課題　　　　　　　　51

3　経済安定化政策論の課題

完全雇用の実現　　われわれは上で，ケインズの意味での非自発的失業の存在しない状態を完全雇用の状態であるとした．換言すると，完全雇用の状態は現実の失業率が均衡失業率に等しい状態である．そして問題は，現実の失業率が均衡失業率と異なる時に，失業率を均衡失業率に等しくさせるようなメカニズムが経済には存在するかどうかである．上述したように古典学派の体系では，自由競争を前提にするならば価格機構に支えられて完全雇用の成立が保証され，セイの販路法則が妥当するものと主張されてきた．しかしながら過去の資本主義経済の経験によれば，現実にはそのような保証は存在せず，完全雇用の成立が可能であってもその実現には社会的観点からみて許容し得ないほどに長い調整の時間を必要とする可能性も存在するのである．もしそうであるとすれば，国民経済の観点から政策当局者は，財政政策や金融政策などの方策を施行し，労働の完全雇用の実現を図らなければならない．

インフレ・ギャップとデフレ・ギャップ　　さて，現実の所得水準が完全雇用所得水準に達しない場合，経済には「デフレ・ギャップ」deflational gap が存在すると言い，反対に所得水準が完全雇用所得水準よりも大ならば経済には「インフレ・ギャップ」inflational gap が存在していると言う．ここでギャップの大きさは，通常，完全雇用貯蓄と現実の投資支出の差額によって測定される．ケインズ自身は『雇用の一般理論』では主としてデフレ・ギャップの存在するケースを分析の対象にしたが[3]，もちろん，そのケースにわれわれの考察を限定する必要はない．もしインフレ・ギャップが存在するならば，通常の場合，不足している労働量を求めて貨幣賃金率は上昇し，物価水準も上昇する．これに対してデフレ・ギャップが存在する場合には，もしそれによって賃金水準が下落すれば，物価

---

[3]　ケインズの有効需要の原理がインフレ・ギャップのケースにも等しく適用できることを示したのは，ケインズ自身の『戦費調達論』（[7]）である．

水準も下落するであろう．そして国民経済全体の観点からインフレ・ギャップもデフレ・ギャップも存在しないケースが望ましい経済の状態であるとすれば，各時点 t で

$$Y_t = Y_e \qquad (1.1)$$

の成立を図ることが経済政策の主要な課題となるのである．

損失関数の極小化　しかしながら実際には，(1.1)の成立をすべての時点において求めることは困難である．なぜならば，有効需要の決定に参加する $I=S$ 曲線および $L=M$ 曲線には為政者によっては直接にはコントロールすることのできない各種の攪乱項が不断に働きかけているからである．そこで充分に長い期間 T をとり，毎期の $Y_t(t=1,2,\cdots,T)$ と Y_e（ここでは単純化のために Y_e は T 期間にわたって不変であると想定する）との差額の自乗の平均値，すなわち

$$\frac{1}{T}\sum_{t=1}^{t=T}(Y_t-Y_e)^2 \equiv E\{(Y_t-Y_e)^2\} \qquad (1.2)$$

を考えてみる．ここで E は「平均値」あるいは「期待値」を示す記号であって，(1.2)は Y_t に関する「損失関数」loss function とよばれる．もし Y_t が常に Y_e に等しければ

$$E = 0$$

である．経済安定化という経済政策の観点からはこれは最も望ましい状態である．しかしながらその実現化はほとんど期待することはできない．そこで経済の安定化の立場から(1.2)で示される損失関数をできるだけ小さくすること，すなわち

$$E\{(Y_t-Y_e)^2\} \to \min \qquad (1.3)$$

にするように行動すること，そしてこれを経済安定化のために政府の採用すべき行動指針として提示するのである．次章以降においてわれわれは，このような行動指針による経済安定化の方策について具体的に吟味する．明白なように(1.2)で示される損失関数は統計学の用語での「分散」variance であるから，経済安定化政策の課題は Y_t の Y_e からの乖離の分散を極小にすることであると言うことができるのである．

第 2 章

政府部門を含む $I=S$ 曲線

1　政府部門の歳出入の構造

一般政府の歳出入の構造　以下においてわれわれが政府部門という時，それは単に中央政府および市・町・村などの地方政府の財政活動のみならず，社会保障基金の収支活動を含む「一般政府」general government が意味される．このような広義の政府部門を前提にするならば，われわれはその経済活動を示す歳出入の構造を第1表のような単純化した形で示すことができる．

第1表　政府部門の歳出入の構造

(歳入)	政府部門		(歳出)
租税		政府購入	
直接税	×××	消費的支出	×××
間接税	×××	投資的支出	×××
社会保障分担金	×××	補助金（企業）	×××
国債新規発行高	×××	移転支払（家計）	×××
	××××		××××

以下，これについて説明しよう．

租税収入　租税は大別して直接税 direct tax と間接税 indirect tax とに分類される．直接税は，個人所得税・法人税・固定資産税・財産税のように納税義務者に直接に賦課される税金である．これに対して間接税は，煙草税・酒税・揮発油税・印紙税などのように納税者と担税者とが異なることが予定されている税金であって，現在，わが国を含めて先進諸国で一般的となっている消費税や取引税は間接税である．一般的には間接税は比

例税であって，所得再分配の公平性という観点からはそれは逆進性をもつと考えられて来た．しかし食料品などの生活必需品には低率の間接税，高級自動車などの富裕な人々の購入する贅沢品には高い間接税を賦課することによってこの問題はかなり是正しうるものである．また，個人所得税については現在では所得再分配政策の観点から累進税の方式が採用されている．しかし高齢化社会の進展とともに家計部門への政府の移転支払が増大するに従って，それに必要な財源をどのように確保するかの問題との関連で「直間比率」の検討が重要な政治的課題となっているのである．

社会保障分担金　老齢・疾病・失業・身障などに対する給付を行なうために政府は，社会保障費などによってその費用を調達しなければならない．社会保障に対する負担，これが社会保障分担金である．その本来の目的からみてそれは国民の間の相互扶助のための支出であって，税金とは異なるものである．しかし実際には収入の一定割合が強制的に賦課されており，本質においてそれは所得税と異なる所はない．以下では簡単化のために，特別の言及のない限り社会保障分担金を所得税の中に含めて分析を進めてゆく．

政府購入　政府部門による財・サービスの購入が政府購入である．大別してそれは消費的支出と投資的支出の二つに分類される．例えば公務員に対する給与支払は政府部門の消費支出である．しかし家計部門と異なって政府部門は最終の消費者ではない．政府は公務員に給与を支払って公務員が生産する公共的サービスを購入し，それを国民に提供するのである．これに対してその投資的支出は，橋梁やダムなどの社会資本の公共建造物のように，物的資産の増加分として記録される政府購入である．一般に政府部門の投資的支出は消費的支出と比べると生産的であるといわれる．しかしその区分は曖昧である．しばしば公共建造物などの投資的支出のために発行される「建設公債」は経常的歳入不足を補うために発行される「赤字公債」と比べると健全であると主張されるが，その区別は必ずしも説得的ではない．

第 2 章 政府部門を含む $I=S$ 曲線

補助金　さて，第 1 表での「補助金」subsidy は企業の事業に対して行なわれる国庫からの補助であって，形式的には，間接税の賦課はその企業の市場価格をその分だけ高めるのに対して補助金の交付はその分だけその市場価格を低下させる，と考えることができる．その意味で補助金は「マイナスの間接税」とよばれるのである．以下の分析では簡単化のために，特別の言及のない限りわれわれは間接税から補助金を控除したネットのものを改めて間接税とよぶことにする．

移転支払　失業保険・恩給・年金・健康保険給付などのように，反対給付を必要とせずに政府部門から家計部門に対して行なわれる支払い，これが「移転支払」transfer payment である．受け取る家計部門の立場からみればこれは「移転所得」であって，現在では家計部門の消費支出の重要な収入源となっている．そして近年，政府部門の福祉政策への傾斜が急速に進行するに従って，それに必要な財源をどのように調達するかが重要な社会問題となっているのである．なお，国債に対する利子の支払いは，民間部門における社債への利子の支払いとは異なり（社債への利子の支払いは国民所得を形成する），移転支払として処理されていることに注意しなければならない[4]．

国債新規発行高　以上で一般政府における歳出入の主要な項目に対して解説を加えた．いま，政府部門の租税収入に社会保障分担金を加えたものから企業への補助金と家計への移転支払とを控除したものを T で示すことにしよう[5]．すなわち

$$T = \{租税＋社会保障分担金\} - \{補助金＋移転支払\}$$

である．第 1 表から明白なように，これは政府購入のための資金となるべ

---

4) このような区分の論理は必ずしも明確ではない．一般に民間部門の社債の背後には生産力効果があり，利子はその果実であるのに対して，例えば戦時公債にみられるように，国債の背後には生産力効果は存在しないとすることにある．しかしながらそうでないケースを指摘するのは容易であろう．
5) 政府部門への租税負担と社会保障分担金の合計の国民所得に対する比率を「国民負担率」と言う．1998年にはヨーロッパ諸国の国民負担率は50%前後に達しているが，わが国のそれは40%には達していない．しかしそれは次第に増加の傾向を示している．

きものであって，T はそのための政府部門の「ネットの租税収入」を示しているのである．これに対して T は民間部門からみれば，民間部門の政府部門に対する「ネットの租税負担額」を示している．すなわち，民間部門の人々は政府部門に対して T なる金額の租税の支払いを余儀なくされているのである．そこで，改めて国民所得 Y から消費支出 C および政府部門に対するネットの租税支払額 T を控除したものを S で示す．すなわち

$$Y = C + T + S \qquad (2.1)$$

とする．ここで S は民間部門で「貯蓄」として記録されるものであって，具体的にはそれは「個人貯蓄」と「企業貯蓄」とに分類することができる．もちろん，普通には S はプラスである．そこで第1表での政府購入を G の記号で書くことにする．この時，

$$G > T$$

ならば，政府は収入以上の支出を行なっている「資金不足の部門」であり，国庫の不足を補うために政府はその差額の国債を発行しなければならない．これに対して

$$T > G$$

ならば，政府は「資金余剰の部門」である．第1表の国債新規発行高はプラスあるいはマイナスの金額を示したものに他ならない．なお，中央政府から地方政府に対して配分される地方交付金は政府部門の内部における移転収支であって，それらは相殺され，第1表には登場していない．

2　政府部門を含む I=S 曲線

二つの部門の間の収支バランスの関係　われわれは最初に政府部門を含まない民間部門について，生産物市場の需給均衡方程式を

$$I(r) = S(Y)$$
$$\ominus \qquad \oplus$$

で示した．この節における課題は，この $I=S$ の方程式に政府部門の経済活動の要因を導入することである．そこでまず，政府部門を含む場合の国民経済の総需要は C と I とに政府購入 G を加えたものに等しいことに注目しよう．従って総需要に対応する国民所得 Y の方程式は

$$Y = C+I+G \qquad (2.2)$$

と書き改められなければならない．他方，政府部門を含む場合の民間貯蓄の関係は，上述したように(2.1)で示されている．すなわち

$$Y = C+T+S$$

である．かくしてこの二つの方程式を等置することによってわれわれは

$$I+G = T+S \qquad (2.3)$$

を得ることができるのである．すなわち，政府部門を考慮に入れる場合には，民間投資 I には G が加えられ，民間貯蓄 S には T が加えられるのである．さらにこの方程式は

$$\{S-I\} = \{G-T\} \qquad (2.4)$$

と書き直すこともできる．この方程式の左辺は民間部門における貯蓄と投資の関係を示しており，もし S が I よりも大ならば民間部門は貯蓄超過の「資金余剰の部門」である．これに対して右辺は政府部門の支出と収入の関係を示しており，上述したように G が T よりも大ならば政府部門は支出超過の「資金不足の部門」である．そしてこの方程式は民間部門が黒字部門であれば政府部門はその金額において等しい赤字部門となっていることを示しているのであって，この関係は経済が均衡しているか否かに関係なくいかなる場合においても成立すべき恒等的関係を示しているのである．

可処分所得と貯蓄関数　さて，これまでわれわれは民間部門の貯蓄を国民所得の増加関数としてきた．しかし政府部門を含む場合にはそれは Y から T を控除した「可処分所得」disposable income に依存するものとされなければならない．すなわち

$$S = S(\underset{\oplus}{Y-T}) \qquad (2.5)$$

である．もちろん，S は可処分所得 $(Y-T)$ の増加関数である．従って所与の Y に対して T が減少するならば S は増大し，増大した S が資本蓄積として結実するならばそれによって国民経済の生産力は増大する．そしてこのことが減税政策によって経済成長を促進させようとする「供給重視の経済学」supply-side economics の背後にある論理である[6]．

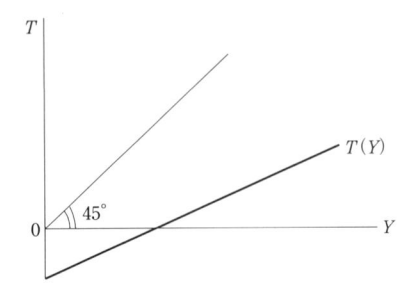

第3図 租税関数

租税関数　さて，他の事情にして一定ならば，現行の租税制度の下では，一般に租税は所得水準の増大とともに増加するようなものである．われわれはそのような関係を

$$T = T(\underset{\oplus}{Y}) \qquad (2.6)$$

で示し，これを簡単に「租税関数」tax function と名づける．第3図は租税関数のあり得べき最も単純なケースを示したものである．T を Y で微分したものは「限界租税性向」に他ならない．現行の租税制度ではそれは1よりも小である．第3図ではそれが45度の傾斜よりも小さいコンスタントで示されている．さらにこの直線の租税関数では T の Y に対する比率，すなわち「平均租税率」は Y の増大とともに上昇する累進所得税の制度を反映している．そこで(2.5)に(2.6)の関係を導入して

$$S = S(Y - T(Y)) \qquad (2.7)$$

とした場合，限界租税性向が1よりも小さいという前提の下では S は Y の増加関数となるのである[7]．

政府部門を含む IS 曲線　さて，上述の(2.3)に戻ろう．すなわち

---

6)　supply-side economics の頭文字をとって SSE とも言う．レーガン大統領の背後に存在している経済政策の考え方であって，その具体的方策は (1) 所得税の減税措置，(2) 政府支出の削減，(3) 政府規制の緩和である．

7)　その論証は次のようである．(2.7)を全微分すると

$$dS = d\{Y - T(Y)\} = dY\left\{1 - \frac{dT}{dY}\right\}$$

が得られ，従って次式が成立する．

$$\therefore \frac{dS}{dY} = 1 - \frac{dT}{dY} > 0$$

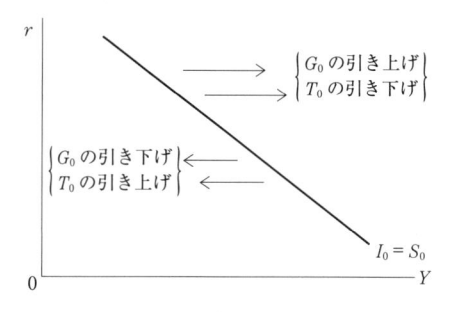

第 4 図 政府部門を含む IS 曲線

$$I + G = S + T$$

である．この方程式で G は政府の政策的配慮によって決定される政策変数と考えることができるであろう．これを G_0 で示す．投資 I についてはこれを利子率の減少関数であるとするこれまでの仮定を変更すべき理由はない．他方，民間貯蓄 S は上述したように可処分所得の増加関数であり，T もまた Y の増加関数である．かくして生産物市場で需給均衡が成立している場合のわれわれの方程式は

$$I(\underset{\ominus}{r}) + G_0 = S(\underbrace{Y - T(Y)}_{\oplus}) + T(\underset{\oplus}{Y}) \qquad (2.8)$$

によって示すことができる．以下の分析では呼称の簡単化のために，混乱のない限り，この (2.8) を IS 曲線とよぶことにする[8]．

図表による IS 曲線　　第 4 図は (2.8) の関係を図示したものである．ここで I_0 は G が G_0 なる場合の $(I+G)$ 曲線であり，S_0 は $T = T_0(Y)$ なる場合の $(S+T_0)$ 曲線を示しており，ゼロの添字は時点がゼロである場合の制度的取決めを示すための記号である．この図は政府部門を含まない場合の IS 曲線と形式的には全く同じである．この図の右下がりの IS 曲線は G が増大すれば上方にシフトする．なぜならば，所与の大きさの Y に対しては (2.8) の右辺は変化しないが，その左辺の G が増大すればそれを相殺するだけ I は減少しなければならず，それは利子率の引き上げに

---

[8]　(2.8) は (2.3) とは異なって自明の等式ではない．それはそれぞれの変数が所定の関数関係を満足した場合にはじめて成立する需給均衡の方程式である．

よって可能となるからである．また所与の Y の下で T を引き下げるような減税政策が施行されるならば，IS 曲線が同様に右方にシフトすることを見るのも容易であろう．

第3章

財政政策と完全雇用

―――――――

1 財政活動における安定化政策論

財政における三つの経済的機能　本章の課題は完全雇用を実現するための財政政策の方策を検討することである．もちろん，完全雇用の実現は財政活動の一つの課題であるにすぎず，一般には財政活動に対しては次の三つの機能を指摘するのが普通である．すなわち

　(1) 公共財供給機能
　(2) 所得再分配機能
　(3) 経済安定化機能

がそれである．この中で (1) と (2) とは財政政策の中で最も伝統的なものであり，今日でもそれは最重要の機能である．これに対して (3) の経済安定化の機能は財政政策の中での比較的新しいテーマであって，その展開はケインズ経済学がマクロ経済学の中枢におかれるようになってから急速に進展したのである．財政政策論の中で通常「フィスカル・ポリシー」fiscal policy とよばれるものがそれに相当し，それは景気調整的財政政策を意味している．

経済安定のための戦略的原則　P.サミュエルソンやM.フリードマンなどの6名の著名な米国の経済学者が1951年に発表した共同論文『経済不安定性の問題』($A.E.R.$ 1951)は，戦後のアメリカ合衆国において大量失業を回避し恒常的成長を維持しながら物価水準の変動を除去するための財政政策および貨幣政策の基本的大綱を論じたものであって，50年後の今日においてもその主要な論旨の実践的有用性は失われてはいない．この共同論文は経済安定化のための「戦略的原則」を次のように要約している．

(1) 政府の租税収入は，政府の支出に比べて，大量失業の時期におけるよりも高雇用の時期において相対的に大でなければならない．
(2) 貨幣および信用は，高雇用の時期には相対的に引締的であり，大量の失業の時期には相対的に緩やかでなければならない（[1] p.419）．

この原則の中で第二番目の原則は貨幣政策に関するものである．われわれはそれを次章で取り上げる．本章の課題は完全雇用に向けての財政政策の戦略的原則の内容を検討することである．

基本的枠組み 前章でわれわれは政府部門を含む生産物市場の需給均衡方程式を

$$I(r)+G = S(Y-T(Y))+T(Y)$$

で示した．そこでこの方程式に完全雇用の所得水準 Y_e を導入するならば

$$I(r)+G = S(Y_e-T(Y_e))+T(Y_e) \qquad (3.1)$$

となる．これは以下の分析の基本的枠組みとなるものである．もし租税制度や所得再分配のための制度的取決めが与えられているとすれば，Y_e が一定なる限りこの方程式の右辺は一定となる．従って完全雇用の状態が維持されるためには，民間投資 I と政府購入 G の合計は所与とされる右辺の大きさと等しくなければならない．この中，利子率に依存する民間投資 $I(r)$ は基本的には貨幣政策によって支配される．従ってもし I の大きさが与えられ，民間部門の貯蓄関数の形状にして与えられるならば，完全雇用が成立するように T の仕組みと G の大きさが決定されなければならないのである．

自動安定化装置——収入の側面 その時々の経済の動向を観察し，必要に応じて経済政策の運営を実行したり変更を加えたりする方式を「裁量的経済政策」discretionary economic policies と言う．これに対して上述の T には，新しい制度的変更や裁量的考慮が加えられない場合でも，自動的に経済を安定化の方向に導く機能が存在している．そこでこの問題を検討するために，再度 T の項目に注目しよう．上述したようにそれは

$$T = \{租税収入＋社会保障分担金\}-\{補助金＋移転支払\}$$

の項目に分類される．第一の括弧の部分は政府の収入，第二番目は政府の

支出の項目である．まず収入の側面からみると，社会保障分担金は，日本ではほぼ国民所得の一定割合（平成8年には約16％）であって，それには自動安定化の要素は存在しない．これに対して租税収入の中の直接税には一般に好況の場合には国民所得よりも高い割合で増加し，不況の場合には反対に国民所得よりも小さい割合でしか変化しないという規則性が存在している．その理由の第一は個人所得税の累進性にかかわる．すなわち，個人所得税は予め決められている累進税の制度によって平均税率は好況の場合の方が不況の場合に比べて大となり，個人所得税の変動幅は国民所得の変動幅よりも大となるのである．同様にして第二番目は法人所得からの税収にかかわる．一般に法人所得は好況の場合には他の所得項目よりも大きな率で増大し，それが比例税であってもその税率は他の所得項目よりも高く，従って法人所得税は国民所得の増加率よりも大きな割合で増大するのである．逆の場合には逆である．このようにして所得税率は好況時には自動的に上昇して可処分所得の相対的抑制効果をもち，反対に不況時には可処分所得の促進効果をもたらし，かくしてそれによって景気変動の変動幅は縮小するのである．

自動安定化装置——支出の側面　次に政府部門の支出項目についてもわれわれは自動安定化の効果をみることができる．まず不況時における産業保護が挙げられる．例えば不況時における農業保護政策は予め制度的に取り決められているのである．同様のことは失業保険給付や社会保障のための支出などの移転支払において生じる．それらは裁量的考慮がない場合でも，Y が Y_e よりも低くなる場合には自動的に T を引き下げ，反対に Y が Y_e よりも大きくなる場合には自動的に T を引き上げるのである．以上のように政府の収入および支出の項目は自動的に景気変動の振幅を補整する効果をもち，制度的に社会体制の中に組み込まれているのである．その意味でこれは制度化された安定化因子「ビルトイン・スタビライザー」built-in stabilizer とよばれる．

ビルトイン・スタビライザー効果の限界　さて，問題は財政におけるビルトイン・スタビライザーの制度を有効に活用し，単に景気変動の振幅

を小さくするだけではなく，平均的な所得水準を労働の完全雇用の水準に近づけることの可能性にかかわる．もしこのことが可能ならば経済政策の運営において一つの福音となるであろう．しかしこの設問に対する回答は否定的である．その理由の第一は，ビルトイン・スタビライザーが対象とするのは主として民間消費支出であるのに対して経済変動の主要動因は民間投資にあるということである．しかし現実においては民間投資に対する自動安定化装置は存在していないのである．そして理由の第二は，そもそもビルドイン・スタビライザーは本来的には所得再分配の政策を遂行するために設定されたものであって労働の完全雇用を意図したものではないということ，これである．その意味で労働の完全雇用の実現のためには財政のビルトイン・スタビライザーのみに依拠しているのでは不十分であり，ここに裁量的財政政策の補強が要請されるのである．

2　均衡予算の乗数効果

単年度均衡予算主義　財政支出に必要な財源は誰からの負担によるべきかという問題は，古くから今日に至るまで所得再分配政策との関連で経済学者の関心を集めて来た．しかし特別の理由のない限りは財政の支出と収入とをマクロ的にバランスさせることの必要性については，多くの人々の同意が存在していると言ってよい．これは財政支出の規模を国民の同意の得られる負担の範囲に限定することによって公共部門の肥大化を防止し，民間部門に対して政府部門を中立的たらしめる配慮からの自然な帰結である．しかしながらこのことから，財政の支出と収入とを各年度毎に均衡させるようにするという「単年度均衡予算主義」の主張は必ずしも正当化されない．以下，この問題を検討しよう．

均衡予算の乗数定理　上でわれわれは，均衡状態にある産出量の体系について

$$I + G = S(\underbrace{Y - T(Y)}_{\oplus}) + T(\underbrace{Y}_{\oplus})$$

の方程式を提示した．もしこの体系において I および G が一定の水準に

与えられるならば，それによって需給均衡の下での Y の水準が決定されることになるであろう．しかるにいま，政府はあらゆる場合に財政収支の単年度均衡予算の方式を採用するものとしよう．これは収入があればそれを直ちにすべて支出に向けるという財政の運用によって実現するであろう．その場合には Y のいかんにかかわらず

$$G = T(Y) \tag{3.2}$$

が成立する．そこでこれを上述の方程式に代入するならば，われわれは

$$I = S(Y - G) \tag{3.3}$$

を得ることになる．いま，この最後の方程式の両辺を全微分し，$s=$ 限界貯蓄性向とするならば，直ちに次式が成立する．

$$s\{dY - dG\} = dI$$

かくしてこれより

$$dY = dG + \frac{1}{s} dI \tag{3.4}$$

が成立する．この方程式から明白なように，民間投資の変化が国民所得に及ぼす乗数効果は限界貯蓄性向 s の逆数倍である．すなわち

$$\frac{\partial Y}{\partial I} = \frac{1}{s} \tag{3.5}$$

である．これは政府部門の存在しない民間経済の場合における投資乗数の大きさと同一である．これに対して政府購入が国民所得に及ぼす効果は

$$\frac{\partial Y}{\partial G} = 1 \tag{3.6}$$

である．すなわち，不断に単年度均衡予算主義が維持されている場合，政府購入が1単位増加すると国民所得も1単位増大し，それ以上でもそれ以下でもないのである．これを「均衡予算の乗数定理」balanced-budget multiplier theorem という．

変動する経済の下での定理の含意　さて，均衡予算の定理そのものはほとんど自明のことを主張しているにすぎない．なぜならば，例えば1億ドルの政府購入の増大はそのまま直ちに1億ドルの国民生産物を作り出すが，それによって増大した1億ドルの国民所得がすべて税金の形で国庫に

吸収されてしまうならば，国民所得に対するそれ以上の乗数効果が生じないままでそこでストップしてしまうからである．このように均衡予算の乗数値が1となることは自明であるが，しかしながら経済政策の観点からはこの定理に内在する含意は重要である．例えば過熱化したインフレ・ギャップの存在する経済を考えてみる．その際に必要なことは政府購入を抑制すること（あるいは税率を引き上げること）である．しかし均衡予算の方式が採用されている場合には，増大した政府収入はそのまま支出に向けられることになり，過熱化した経済にはさらに拍車が加えられることになるのである．上述したように，好景気の場合には自動安定化装置の機能が働いて政府収入の伸び率は国民所得の伸び率よりも大である．従って拍車の程度はさらに拡大する．そして同様のことは適当な修正を加えてデフレ・ギャップの存在する不況の場合にも妥当する．かくして一見したところ民間経済に対して中立的にみえる単年度均衡予算の方式は，それを不断に変動する経済に適用するとその変動の振幅を拡大し，民間経済に大きな不安定性を与えることになるのである．

財政収支におけるスウェーデン方式　　以上のことから，P.サミュエルソンなどの6名の経済学者は，その共同論文で次のような注目すべき主張を提示する．

　「一つの重要な提案は長期間にわたっての均衡予算を目指すことである．何人といえども季節的変化を無視して毎月の均衡を唱導しはしないであろう．どうして景気循環の変化を無視して毎年のバランスをとるのに貢献するような何か特別の奇術はあり得るのであろうか．いわゆるスウェーデン予算の提案は一つの景気循環にわたって予算を均衡にすることである．余分な支出は余分な税金を必要とするが，必ずしも同じ年の同額の租税収入を必要としない．ある年の財政余剰は他の年の財政不足を補うであろう．もちろん，「循環」の長さや不況と好況の相対的持続期間についての不確実性はこの方式を採用する際の困難性を作りだすが，この提案は真剣な考慮に値するのである」（[1] p.422）．

これを財政収支に関する「スウェーデン方式」という[9]．

長期的財政収支均衡の可能性　理論的には，好況期に生じる財政余剰で不況期に生じる財政不足を補い，一つの景気循環の全体を平均してみると財政収支が均衡するという可能性はこれを否定することはできない．しかしながら経済が長期間にわたって停滞しているならば，財政不足の状態は慢性化するであろう．さらにまた，上昇および下降の変動過程が規則正しく進行し，しかもその強度が均等になされている場合でも，現実の政治過程では長期的財政収支の均衡の成立には困難性をともなう．なぜならば，例えば景気の下降期に採用される減税政策や補助金政策は，経済が不況期から好況期に転換してもそのまま温存される可能性が強いからである．もしそうならば，長期的には不足する財政収支を公債発行によって補填しなければならなくなり，財政赤字の出現はほとんど不可避的となるのである．

3　裁量的財政政策と完全雇用予算

裁量主義的安定化行動　本章の第1節でわれわれは，ビルトイン・スタビライザーのみでは労働の完全雇用の実現を図りながら経済の安定化を維持することが困難であることについて考察した．そのためにはインフレ・ギャップもデフレ・ギャップも存在しないように政策当局者は，貨幣政策および財政政策の方策を考えなければならない．これが「裁量主義的安定化行動」discretionary stabilizing action とよばれるものである．われわれはまず財政政策から考察する．

図表による説明　裁量主義的安定化行動における財政政策の大要は最も簡単には第5図によって示すことができる．この図において投資支出および政府購入はそれぞれ I_0 および G_0 で与えられており，同様にして国民所得の増加関数である貯蓄関数および租税関数もそれぞれ S_0 および T_0 で示されている．従って生産物市場の需給的均衡の状態，すなわち

$$I_0 + G_0 = S_0 + T_0$$

9）　ここで「スウェーデン方式」という命名は，財政政策におけるこのような主張がスウェーデンの経済学者を中心に行なわれて来たことに由来する．

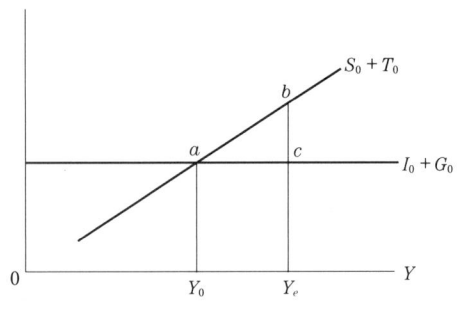

第5図　裁量主義的財政政策

を前提にするならば，国民所得は a 点の Y_0 の水準に決定されることになる．しかるにもし労働の完全雇用水準が Y_0 よりも大きな Y_e の水準に与えられているとすれば，経済はデフレ・ギャップの下にある．この時，労働の完全雇用を実現するためには，もし $\{S_0+T_0\}$ が与えられているとすれば $\{I_0+G_0\}$ を引き上げて b 点を実現するか，あるいは $\{I_0+G_0\}$ が与えられているとすれば $\{S_0+T_0\}$ を右方にシフトさせて c 点を実現しなければならない．これが裁量主義における財政政策の基本的方策である．

機能的財政　$\{I_0+T_0\}$ の上方への引き上げの中で民間投資 I は貨幣政策の利子率の引き下げに依存する所が大である．しかし，I は法人所得税率の引き下げや企業への補助金の引き上げによっても増大し得る．そこでこのことを考慮に入れながら経済安定化のための裁量的財政政策の方法を示すならば，次のように整理されるであろう．

(1) 税率の変更
(2) 移転支払または補助金の変更
(3) 公共事業などの政府購入の変更

例えば第一の税率の変更について言えば，不況時に所得税率や間接税率を引き下げて民間投資や民間消費に刺激を与えてデフレ・ギャップを縮小し，反対に過熱化したインフレ的経済では税率を引き上げてインフレ・ギャップを除去することが要請されるのである．同様のことは第二および第三の項目についても言えるであろう．そしてこのように裁量主義的考慮に基づいて完全雇用のために行なわれる財政政策は，A.ラーナーによって「機能的財政」functional public finance ともよばれた（[8]）[10]．

第 3 章　財政政策と完全雇用

完全雇用予算　さて，問題は，機能的財政の方式が採用された場合，現実の財政収支の状況はどのように推移するかということである．この問題を検討するために「完全雇用予算」full-employment budget の概念をとりあげよう．これは，現在の政府購入および租税収入の仕組みが所与とされている状態の下で，それがどのような方法で実現したかを問わず，経済が完全雇用の状態にあるとした時に財政収支の状態がどのようになっているかを示したものであって，完全雇用予算の考え方は1962年以降のアメリカ合衆国の『大統領経済報告書』の中にとり入れられ，戦後のニュー・エコノミックスの重要な構築物となってきたものである．そしてもし完全雇用の下での財政収支が赤字ならば，経済は「完全雇用予算赤字」full-employment budget deficit の下にあると言い，反対に黒字ならば「完全雇用予算黒字」full-employment budget surplus の下にあるというのである．第 6 図は所与の政府購入 G_0 と所与の租税体系 T_0 の下での完全雇用予算の状況を示したものである．いま，現実の所得水準が Y_0 であったとしよう．この時は $G_0 > T_0$ であって現実の財政収支は赤字である．図の太線の部分がその赤字の大きさを示している．これに対して完全雇用所得 Y_e の下では財政収支は黒字であり，完全雇用財政余剰が存在している．すなわち，第 6 図は現実の財政収支は赤字であるが完全雇用の財政収支については余剰の存在しているケースを示しているのである．

---

10)　F. M. Bator は，1941年のラーナーの巨視的経済政策のルールを次のように簡潔に要約している（[2]，p.442）．

1. The government shall maintain a reasonable level of demand at all times. If there is not enough spending so that there is excessive unemployment, the government shall reduce taxes or increase its own spending. If there is too much spending the government shall prevent inflation by reducing its own expenditures or by increasing taxes.
2. By borrowing money when it wishes to raise the rate of interest and by lending money or repaying debt when it wishes to lower the rate of interest, the government shall maintain that rate of interest which induces the optimum amount of investment.

これは1951年のアメリカ経済学会における 6 名の経済学者の共同論文に10年も前に先駆けた主張であり，P.サミュエルソンはラーナーのこの先駆的主張を「ラーナー主義」Lernerism doctorine とよんでいる．

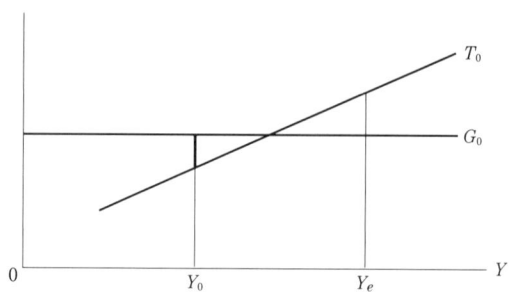

第 6 図　完全雇用予算の状況

機能的財政と現実の財政収支　さて，経済が第 6 図の状態にある場合，機能的財政の立場を唱導する人は，G_0 の上方への引き上げあるいは T_0 の下方へのシフトを提案するであろう．そしてこれが実行されると，Y は Y_e に近づくであろう．しかしそれによって現実の財政支出がどのようになるか，すなわち財政の赤字は拡大するのかあるいは縮小するのかについて，われわれはア・プリオリィな断定を下すことはできない．Y の増大とともに民間貯蓄 S は増大する．問題は民間投資 I の動きである．Y の増大に刺激されて I も増大するという可能性を容認する場合に，I が S ほどには増大しなければ財政収支の状況は悪化する．これに対して経済が完全雇用の状態に接近するに従って I が S 以上の率で増大するならば，機能的財政の方策は現実の財政収支の状況を良化させるであろう．しかしいずれの状態が生じるかは現実の経済についての診断に依存するのである．

第4章

外生的貨幣供給論と内生的貨幣供給論

―――――――

1 貨幣供給決定のメカニズム

問題の提起　前章でわれわれは財政活動を通じて政府が経済安定化に対して果たすべき役割について考察したが，財政政策と同様に貨幣政策の方策も経済安定化にとって不可欠である．本章の課題は貨幣政策による経済安定化の役割を分析することであるが，ここで貨幣需要の理論としていかなるものが前提にされるかが問われるであろう．この問題に対してわれわれは，M.フリードマンの「共通モデル」の提案に従い，再びケインズ学派の流動性選好理論に立脚して分析を進める．

貨幣創造の乗数機構　貨幣は「一般的受領可能性をもった債務決済の手段」のことである．そして経済分析上の貨幣は民間部門に流通している貨幣供給量を意味し，その大きさは具体的には，$C=$公衆（銀行を除く）保有の「現金通貨」cash money，$D=$公衆（銀行を除く）保有の「預金通貨」とすれば，この二つを加えたものに等しい．これを M で示すと

$$M = C+D \qquad (4.1)$$

である．さらに R を市中銀行保有の現金準備（具体的には市中銀行の手許現金と中央銀行への預け金の合計）とし，C と R とを加えたものを H で示す．すなわち

$$H = C+R \qquad (4.2)$$

である．われわれはこれを「ハイパワード・マネー」high-powered money または「基礎貨幣」basic money と名づける．そこで(4.1)を辺々(4.2)で割り，$C/D=k$, $R/D=q$ とすれば，直ちに

$$M = \left\{\frac{C+D}{C+R}\right\} \cdot H = \left\{\frac{k+1}{k+q}\right\} \cdot H \qquad (4.3)$$

を得ることができる．そしてわれわれは H に乗ぜられている比率

$$\left\{\frac{k+1}{k+q}\right\}$$

を「貨幣創造乗数」と名づけるのである．これは H の一単位の増加が何単位の貨幣供給量を作り出すかを示す係数である．現行の通貨体制は「部分的現金準備」の下にある．すなわち，市中銀行は預金額 D に対してその一部分のみの準備でその営業を支障なしに運営し得ることを知っている．従って q は1よりも小さく，貨幣創造乗数は1よりも大である．そしてこのことから，H が与えられると，k および q にして一定ならば，それに対し1よりも大きな乗数倍の M が対応することになるのである．

貨幣供給量統制の方法　貨幣創造乗数における q および k は，もちろん，現実には変化しうるパラメーターである．その中で k は人々がその貨幣資産を現金の形で保有するか預金の形で保有するかの決意に依存し，例えば「取付け」run on a bank の場合にはそれは無限大となってしまう（従ってその場合には貨幣創造乗数は1となる）．しかし以下では簡単化のために k を一定のプラスのパラメーターと前提にする．この時，貨幣供給量 M は q と H の二つの変数に依存することになる．そしてわれわれはそれに応じて，貨幣供給量統制の方法を基本的に次の三つに分類することができる．

　　(1) 公定歩合政策　⎱
　　(2) 公開市場操作　⎰ ←── H の統制
　　(3) 現金準備率操作 ←── q の統制

以下，これらについて説明しよう．

公定歩合政策　公定歩合は中央銀行が市中金融機関に貸出しを行なう場合に設定される基準金利のことである．「公定歩合政策」bank rate policy は公定歩合を変更し，それによって現金通貨をコントロールする政策であって，最も伝統的な通貨統制の方法である．公定歩合の変更は，一方

では市中金融機関の資金調達コストに及ぼす「コスト効果」と，他方ではそれによって金融当局の金融政策上の基本路線を明示して金融市場参加者にそれを周知させるという「アナウンスメント効果」をもっている．

公開市場操作　　第二の「公開市場操作」open market operation は，各種金融機関のみならず企業や個人などの不特定多数の市場参加者も対象とした金融市場において，中央銀行が，国債や手形などの有価証券を売買し，市場に資金を供給したり（これを「買オペレーション」という）市場から資金を吸収したりして（これを「売オペレーション」という），金融市場における H をコントロールする政策である．わが国において債券や手形のオペレーションが積極的に活用されるようになったのは1962年10月以降と言われているが，アメリカでは現在では公開市場操作が最も有効な通貨統制の方法となっている．

現金準備率操作　　上でわれわれは市中銀行の現金準備 R を手許現金と中央銀行への預け金の二つに分類した．この中，手許現金の預金通貨に対する比率はほぼ制度的に決まった大きさであるが，中央銀行への預け金の預金通貨に対する比率は中央銀行の権限によって決められており，市中銀行にその維持が義務づけられているのである．この比率が引き上げられると貨幣造出額は減少し，それを引き下げれば貨幣造出額は増大する．

単一利子率の想定　　さて，金融市場には多様な金利水準の体系があり，公定歩合はその一つにすぎない．一般的には，公定歩合・コールレートは一番低く，預金利子・国債利回りがそれに並び，事業債利回り・貸出金利はそれらよりも高いというのが実際の状況である．しかるにもしこれらの金利体系の相対的関係が変化しなければ，公定歩合の引上げは金利体系全体を引き上げ，公定歩合の引下げは金利体系全体を引き下げることになる．われわれは先にフリードマンの所説に従って（第1章1節），ケインズの単純化を踏襲して単一の利子率の存在を想定したが，以下の分析もこのような想定の下で進められる．

内生的貨幣供給　さて，公定歩合政策を考えた場合，中央銀行がいかに強力な独占力を保持していても，原則的には公定歩合の水準と市中銀行との貸出額の両者をともにコントロールすることは不可能である．それは，いかに強力な産業の独占者といえども，原則的にはその市場価格と需要量の双方を同時にコントロールできないのと同様である．従ってもし中央銀行が公定歩合を設定するならば，市中銀行への貸出額は市中銀行の自由な判断で決まり，経済全体の貨幣供給量も，貨幣創造乗数にして与えられるならば公定歩合の水準によって決定されることになるのである．換言すると，市中の金利水準は公定歩合によって決まり，貨幣供給量は決定さるべき未知数となるのである．われわれは第Ⅰ篇1章のケインズ体系の考察においてMを内生変数として取り扱う方法のあることを提示したが，基本的にはこのような前提に立っているのである．

外生的貨幣供給　以上の公定歩合政策に対して，もし中央銀行が望ましい貨幣供給量を計画し，それを実現するように中央銀行が民間の金融機関と国債や手形の自由な売買を行なうならば，金利水準は決定されるべき未知数となり，貨幣供給量は外生変数となる[11]．例えば国債を考えた場合，配当金を国債価格で割ったものがその利回りに他ならない．原則的には国債価格は自由取引の原理に従って決定されるのである．その場合，国債利回りが変化すればそれと整合的となるように公定歩合の調整も余儀なくされるが，しかしそれは金利が公開市場で自由に決定されるという原則とは矛盾しない．かくして貨幣供給量は外生変数となり，利子率は決定されるべき未知数となるのである．

---

11) 利子率を外生変数，貨幣供給量を内生変数とする立場の人々をB. ムーアーは「horizontarists」，これに対して貨幣供給量を外生変数，利子率を内生変数とする立場の人々を「verticalists」とよんでいる（[9]）．この命名の由来は，ケインズの流動性選好説で，利子率が所与の場合には$L=M$曲線は横軸に水平，貨幣供給量が所与の場合には$L=M$曲線は縦軸に垂直となるケースを想起すれば，了承されるであろう．

第4章 外生的貨幣供給論と内生的貨幣供給論　　　　　　　　75

2　内生的貨幣供給のケインズ学派のモデル

内生的貨幣供給の均衡体系　　以下において考察するのは，利子率 r を外生変数とする内生的貨幣供給論に立脚するケインズ学派の体系である．われわれは第Ⅰ篇1章において，そのようなモデルの均衡体系を次の方程式で示した．

$$I(\underset{\ominus}{r}) = S(\underset{\oplus}{Y}) \qquad (4.4)$$

$$M/P = L(\underset{\oplus}{Y},\ \underset{\ominus}{r}) \qquad (4.5)$$

$$P = P_0 \qquad (4.6)$$

$$r = r_0 \qquad (4.7)$$

論じるまでもなく未知数は Y と M である．そこで(4.7)の関係を(4.4)に代入すると，これより直ちに Y の水準を決定することができる．すなわち

$$I(r_0) = S(Y)$$

である．この Y を Y_0 で示す．かくして(4.5)から

$$M = P_0 \cdot L(Y_0,\ r_0)$$

が成立し，この均衡体系を満足するように，貨幣供給量 M が決定されるのである．容易に知られるように，均衡状態での Y および M は，所与の P_0 および r_0 に依存して

$$Y = Y(\underset{\oplus}{P_0},\ \underset{\ominus}{r_0}) \qquad (4.8)$$

および

$$M = M(\underset{\oplus}{P_0},\ \underset{\ominus}{r_0}) \qquad (4.9)$$

によって示すことができる．

国民所得の変動方程式　　さて，第Ⅰ篇3章1節においてわれわれは，M を外生変数とした場合のケインズ学派の均衡体系の動学的安定性を分析したが，ここでも同様のことを試みよう．まず(4.4)の財貨市場の需給均衡方程式に関してわれわれは，ケインズの有効需要の原理に従って，I と S とのギャップは Y の変化をもたらすものと前提にする．すなわち，α をプラスのパラメーターとして

$$\frac{dY}{dt} = \alpha\{I(r_0) - S(Y)\} \tag{4.10}$$

の成立を前提にするのである．この方程式の成立については既に第3章1節で説明したので縷説を要しない．第7図の矢印シューマはこの変動方程式の態様を図示したものである．$r = r_0$ によって $I(r)$ の水準が決まり，それによって $I(r_0) = S(Y)$ より Y の水準が決定される．図ではそれが横軸上の Y_0 で示されている．そして Y_0 の水準に立てた $I = S$ の垂直線の左側では $I > S$，その右側では $S > I$ となり，図の矢印が示すように国民所得は $I = S$ の垂直線に向かって水平の運動を行なうのである．

貨幣供給の変動方程式　次に(4.5)の貨幣需給の均衡方程式に注目しよう．第7図における右上がりの曲線は所与の P_0 および r_0 の下における Y と M との関係を示したものである．これがこのように右上がりであるのは，L 関数が Y の増加関数だからである．容易に知られるように，この右上がりの曲線（すなわち $P_0 L = M$）を中心にして，その下方では

$$P_0 L(Y, r_0) > M$$

であり，貨幣供給量は過少，反対にその上方では

$$M > P_0 L(Y, r_0)$$

であって貨幣供給量は過剰となっているのである．前者の場合には不足した貨幣供給量を補うように M は増加する．なぜならば，上述したように，利子率が中央銀行によってコントロールされている目下の場合，中央銀行はその貨幣供給量を市場の需要に応じた実勢に委ねなければならないからである．そして後者の場合には M の減少が生じる．かくしてわれわれは β をプラスのパラメーターとして

$$\frac{dM}{dt} = \beta\{P_0 \cdot L(\underset{\oplus}{Y}, r_0) - M\} \tag{4.11}$$

の変動方程式を提出することができる．第7図の $P_0 L = M$ の曲線に向けての垂直の方向への矢印のこの(4.11)の状況を示したものに他ならない．

動学的安定性　以上によって生産物市場および貨幣市場における不均衡状態の調整メカニズムが明らかにされた．第7図から容易に理解される

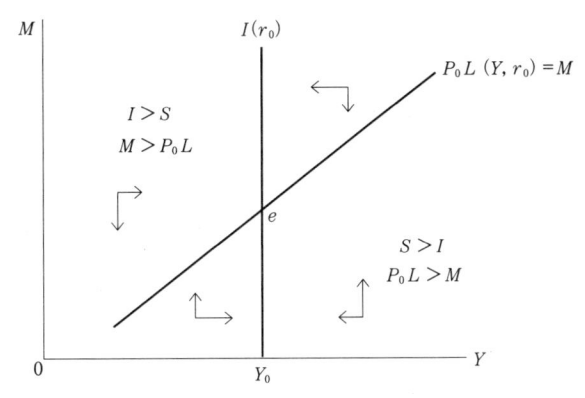

第7図 内生的貨幣供給体系の動学的安定性

ように，最初に Y と M との組み合わせがどのような水準におかれていようとも，時間の経過とともにそれは必ず均衡点 e に収束するのである．すなわち，e 点は動学的に安定な均衡点である．その意味でわれわれは現実の経済が常に e 点上に存在していると想定しても現実性を損なうことはない．われわれは同様のことが外生的貨幣供給論に立脚する均衡体系についても妥当することを見た（第Ⅰ篇3章の第2図を参照）．かくしてケインズ体系では，外生的貨幣供給量および内生的貨幣供給論のいずれの場合にも，$I=S$ および $L=M$ が成立する均衡状態は動学的に安定であり，従って均衡状態に注目して分析を進めることができるのである．

3 最適貨幣政策

二つの主張　さて，以上でわれわれは外生的貨幣供給論および内生的貨幣供給論の二つのケインズ学派のモデルを分析した．しからば安定化政策の観点からみて，外生的貨幣供給論と内生的貨幣供給論のいずれに与すべきなのであろうか．この設問に対して内生的貨幣供給論の立場に立つ人々は，中央銀行は，公定歩合に対する決定権を保持している限り所与の公定歩合に対して需要されるハイパワード・マネー（従ってそれをベースにして創出される貨幣供給量）については受動的に対応せざるを得ないと主張するであろう．これに対して外生的貨幣供給論に立つ人々は，貨幣供給量こそが中央銀行の目標とすべき政策変数であり，利子率の水準はこれ

を所与の貨幣供給量の下において金融市場の自由な実勢に委ねるべきであると主張するのである[12]．

安定化政策論の立場　われわれは先に（第II篇1章3節），マクロ的経済政策の目標を，安定化政策論の立場から社会的損失関数を極少にすることに求めた．すなわち，Y_eを労働の完全雇用産出量，Y_tを第t時点における現実の産出量，Eを平均値（または期待値）を示す記号とする時，それは

$$E\{(Y_t - Y_e)^2\} \to \min \qquad (4.12)$$

によって示されるものとした．以下においてわれわれは，内生的貨幣供給論および外生的貨幣供給論のいずれが望ましいかの問題を，この(4.12)の規準に従って検討する．

絶対的安定のケース　まず最初に考察するのは，$I=S$曲線および$L=M$曲線がともに一定の状態で不動に与えられているケースである．この場合には，利子率を一定の水準に設定する内生的貨幣供給論の立場と貨幣供給量を外生的に決定して利子率を内生的にする外生的貨幣供給論の立場との間には経済政策の関連では優劣は存在しない．第8図がこのことを示している．いま，$I=S$曲線が図のように示されており，時間の経過においてこれが不変であるとしよう．この時，$I=S$曲線から労働の完全雇用所得Y_eに対応する利子率の水準を求め，これをr_eで示す．そしてY_eの水準で貨幣供給量と貨幣需要量とが等しくなるように$L=M$曲線を決定しておけば，労働の完全雇用が成立するのである．かくしてこの場合に内生的貨幣供給論の立場が是認され，(4.12)の関係が実現するのである．しかるに同一のことは外生的貨幣供給論によっても実現する．仮定によって$L=M$曲線も絶対的に安定である．そこで所与の$I=S$曲線の下で$Y=Y_e$が成立するように$L=M$を決定しておけば（その場合のMをM_eで示す）労働の完全雇用が成立し，(4.12)の関係が実現するのである．

---

[12]　外生的貨幣供給論の立場からマクロ的経済政策論を提示しているケインジアンの動向（その代表者の一人はN.カルドア）についてはG. Hewitsonの論稿（[5]）を参照せよ．

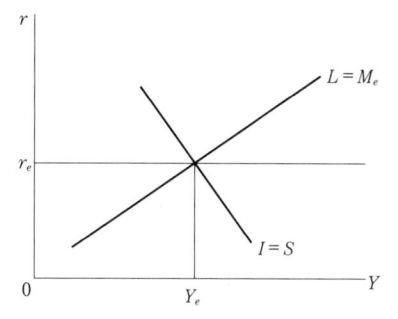

第8図 絶対的安定のケース

かくして $I=S$ 曲線および $L=M$ 曲線がともに絶対的に安定な場合には，内生的貨幣供給論と外生的貨幣供給論との間には安定化政策論の立場からは優劣の関係は存在しない．

L=M 曲線が変動するケース　問題が生じるのは $I=S$ 曲線または $L=M$ 曲線のいずれかあるいは双方が時間の過程において不確実な変動に曝されている場合である．但しわれわれがここで「不確実な変動」というのは，関数形そのものの予知できない変化ではなく，所与の関数に対して付加される外部的なショックの不確実性が意味される．しばしばこれは「加法的不確実性」additive uncertainty とよばれる．そこでまず $I=S$ 曲線にはショックはなく，$L=M$ 曲線のみが変動に曝されているケースを考えよう．この体系をわれわれは次の方程式で示す．

$$I(r) = S(Y) \tag{4.13}$$

$$\frac{M}{P_0} = L(Y, r) + u \tag{4.14}$$

ここで u は「ホワイト・ノイズ」white noise である．すなわち，すべての t に関して平均値がゼロ，分散 σ_u^2 が一定であり，異なる時点における攪乱項の間に相関が存在しないような確率変数である．第9図はそのあり得べき状態を示したものである．いま，内生的貨幣供給論の立場から $Y=Y_e$ が成立するように利子率の水準が r_e に決定されたとする．目下のところわれわれは $I=S$ 曲線に不変であると仮定しているから，それが不変なる限り $Y=Y_e$ の状態が持続し，$E\{(Y_t-Y_e)^2\}=0$ が成立する．これに対して外生的貨幣供給論の立場から $Y=Y_e$ が成立するように貨幣供

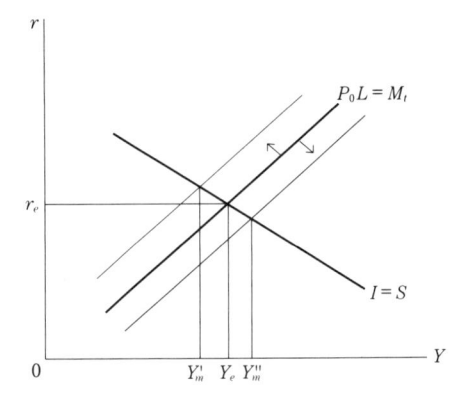

第9図 $L=M$ 曲線が変動するケース

給量 M が決定されたとする．これを M_t で示す．しかしながら攪乱項 u の存在によって所与の分散 σ_m^2 に応じて $L=M$ 曲線は図に示されているように上下にシフトする．もし $L=M$ 曲線が σ_m^2 の分だけ上方にシフトするならば，国民所得は Y_m' となり失業が発生する．これに対して $L=M$ 曲線が σ_m^2 の分だけ下方にシフトするならば，国民所得は Y_m'' となり生産物市場では超過需要が発生する．かくして経済安定化政策の観点からは，利子率を一定にして貨幣供給量はその需要に委ねる内生的貨幣供給論の立場が選択さるべきである．

I=S 曲線が変動するケース　次に $L=M$ 曲線は変化せず，$I=S$ 曲線が変動するケースを考えよう．われわれはそれを次の方程式体系で示す．

$$I(r) = S(Y)+v \tag{4.15}$$

$$\frac{M}{P_0} = L(Y, r) \tag{4.16}$$

ここで再び v は「ホワイト・ノイズ」である．そして第10図はそのあり得る状態を図示したものである．前提によってこの図では $L=M$ 曲線は不変であるが，$I=S$ 曲線はその分散 σ_v^2 の分だけ上下にシフトしている．いま，内生的貨幣供給論の立場から完全雇用の実現を期して利子率が r_e に決定されたとする．しかるに図に示されているように $I=S$ 曲線が下方にシフトするならば国民所得は Y_r' となって経済には失業が発生することになる．反対に $I=S$ 曲線が上方にシフトするならば国民所得は Y_r'' とな

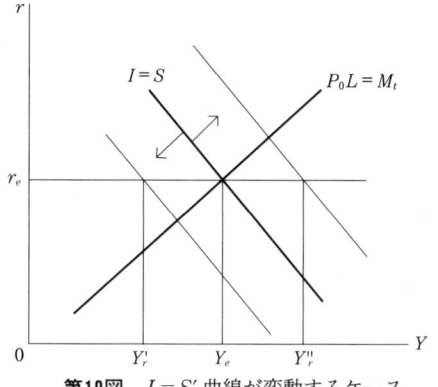

第10図 $I = S'$ 曲線が変動するケース

り生産物市場では超過需要が生じるのである．しかるにもし貨幣供給量を M_t の水準に維持して完全雇用を実現する政策が採用されるならば，ここでも現実の Y は Y_e から乖離するが，その変動幅は $r = r_e$ の場合（すなわち内生的貨幣供給論の場合）よりも小さいのである．かくして安定化政策の立場からは外生的貨幣供給論が優先する．

二つの曲線がともに変動するケース　　最後に $I = S$ 曲線および $L = M$ 曲線がともに変動するケースが残っている．これを方程式の形で示すと

$$I(r) = S(Y) + v \qquad (4.17)$$

$$\frac{M}{P_0} = L(Y, r) + u \qquad (4.18)$$

となる．もちろん，v および u はともに「ホワイト・ノイズ」である．この場合には v の分散 σ_v^2 と u の分散 σ_u^2 の相対的大きさが問題となる．いま，

$$\sigma_u^2 > \sigma_v^2$$

としよう．この時われわれは「実物体系」（すなわち $I = S$ 曲線で示される体系）は「貨幣体系」（すなわち $L = M$ で示される体系）よりも「相対的に安定」であると言い，反対に

$$\sigma_v^2 > \sigma_u^2$$

の場合，われわれは「貨幣体系」は「実物体系」よりも相対的に安定であると言う．第11図は貨幣体系が実物体系よりも相対的に安定なあり得べき

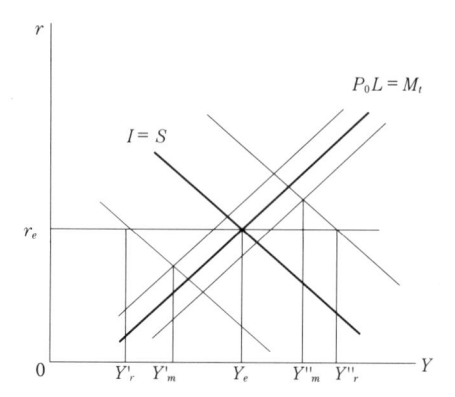

第11図　二つの曲線がともに変動するケース

一つのケースを示したものである．この時に，Y_e を中心にして r を r_e に設定する内生的貨幣供給論が採用されると国民所得の変動幅はその分散に応じて Y_r' と Y_r'' の間になるが，M を M_t に設定する外生的貨幣供給論の方策を採用するならば，その変動幅は Y_m' と Y_m'' の間に収まるのである．かくして安定化政策の立場からは，相対的に安定な $L=M$ 曲線にあわせて外生的貨幣供給論の方策が勧告されるのである．

実物体系と貨幣体系の相対的安定性　以上の分析からわれわれは，実物体系が相対的に安定ならば利子率を所望の水準に固定して貨幣供給量を内生的に決定する方策が望ましく，反対に貨幣体系が相対的に安定ならば貨幣供給量を政策変数として外生的に決定する方策が望ましい，と帰結することができるであろう[13]．現在，貨幣政策の運営において，それを利子率の統制におくべきかそれとも貨幣数量の統制におくべきかについて意見の対立が存在している．われわれの分析はこの問題に対する一つの回答を提示している．問題のポイントは実物体系と貨幣体系のいずれが相対的に安定であるかにかかわるのである．しかしながらこの問題に対してア・プリオリな回答を与えることはできないであろう．なぜならばそれは国によって異なり，時代によって異なるからである．

---

13)　実物体系と貨幣体系の相対的安定性の観点から，M を所与とするか r を所与とするかを分析したものとして，W. プーレの論文([11])を参照せよ．

第5章

貨幣政策と財政政策の有効性

―――――――

1 貨幣政策の有効性

フリードマンの問題提起　現在，安定化のための経済政策として，財政政策に力点をおくケインズ学派と貨幣政策を重視するマネタリストの間に意見の対立が存在している．ここで「マネタリスト」monetaristというのは，基本的には古典学派の伝統に立脚しながら，経済不安定性の重要な源泉は貨幣供給の攪乱にあると主張し，貨幣供給量を適切にコントロールすることによって物価水準の安定性と完全雇用の成立が可能であることを主張する経済学者の集団のことであって，M.フリードマンはその中の中心的唱道者である．そして1961年のD.ミーゼルマンとの共同論文『1887～1958年のアメリカにおける貨幣流通速度と投資乗数の相対的安定性』においてフリードマンは，国民生産物の中で消費支出の項目をすべて外生的支出とみなした場合の投資乗数の大きさと貨幣の回転速度を調査し，次の結論を下した．

　　「貨幣の所得回転速度は，1929年の大不況の早い年次の期間を除外しさえするならば，終始一貫してかつ決定的に投資乗数よりも安定的である」（[3] p.186）．

そして経済政策の観点から，財政政策と貨幣政策の有効性について次のように述べている．

　　「経済政策に対してわれわれの発見は，貨幣ストックに対するコントロールの方が外生的支出に対するコントロールよりも，集計的な貨幣的需要の水準に影響を与えるためのはるかに有用な手段である，ということを示しているのである」（[3] p.213）．

問題の所在　論じるまでもなくフリードマンが外生的支出とよんだものの中で重要なのは、安定化政策論の観点からは政府購入である。もし上述のフリードマンの結論が是認されるならば、政府購入よりも貨幣ストックのコントロールの方が、国民所得に及ぼす変動効果に対して、より確実性をもって予測し得る結果を与えるということになる。もちろん、アメリカ合衆国に関してフリードマンのこの結論が是認されるとしても、その経験が他の国々についてもそのまま妥当するかについては結論を下すことはできないであろう。ただ、フリードマンのこの論文から触発されて、安定政策としての財政政策と貨幣政策の相対的有効性が経済学者の注目する研究テーマとなってきたことは指摘されなければならない。以下の分析の課題は、完全雇用を実現するための手段としての貨幣政策と財政政策の有効性を比較検討することである。

モデルの再掲　われわれの最初の課題は貨幣政策の有効性を分析することである。そして以下でわれわれが依拠するのはケインズ＝ヒックス＝ハンセンの伝統に従う外生的貨幣供給量のケインズ体系である。それを再掲すれば、

$$I(\underset{\ominus}{r}) + G = S(\underset{\oplus}{Y - T(Y)}) + T(\underset{\oplus}{Y}) \tag{5.1}$$

$$\frac{M_0}{P_0} = L(\underset{\oplus}{Y - T(Y)}, \underset{\ominus}{r}) \tag{5.2}$$

である。ここで限界貯蓄性向が1よりも小さいことを考慮すれば、SおよびLはともにYの増加関数とみなすことができる。簡単化のために(5.1)を$I=S$曲線、(5.2)を$L=M$曲線と略称し、所与の租税体系の下でGがG_0なる場合の$I=S$曲線を$I_0=S$曲線、$M=M_0$なる場合の$L=M$曲線を$L=M_0$曲線と命名する。

貨幣供給量増加の効果　第12図では、貨幣供給量がM_0に与えられている場合の$L=M$曲線と政府購入がG_0に与えられている場合の$I=S$曲線の二つの曲線が画かれ、その交点がe_0で示されている。いま、貨幣供給量がM_0よりも大きいM_1に増大するならば、均衡点はe_0からe_1にシフトし、国民所得はY_0からY_1に増大し、利子率はr_0からr_1に低下す

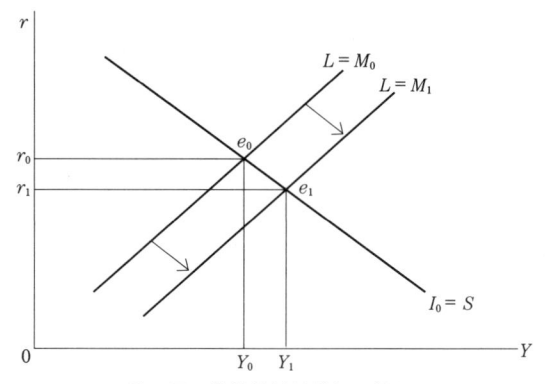

第12図 貨幣供給量増加の効果

る。かくしてこの場合，貨幣供給量の増大が産出量に及ぼす拡大効果は有効であり，この経過が継続するならばデフレ・ギャップを克服してやがて労働の完全雇用の実現を期待することができるのである。そして同様にインフレ・ギャップの存在する場合にも，われわれは貨幣供給量の縮小によって事態に対処することができる。

流動性の罠のケース　しかるに先にわれわれは，「ケインズ的病理現象」の存在する場合には，貨幣政策は有効性をもち得ないことを指摘した（第Ⅰ篇2章2節）。上述したようにケインズ的病理現象の第一のものは，人々が利子率はもはやそれ以下には下がらないと考える水準に到達した場合（逆に言うと，有価証券の価格が下ることはあってもそれ以上にはならない水準に到達した場合）である。ケインズはこの状態を「流動性が絶対的となる」と評したが（[6] p.204），一般にかかる状態は経済が「流動性の罠」liquidity trap の下にあるという。第13図はそのような経済の状態を示したものである。この図の r_* はそれ以下には下落しないとみなされる最低の利子率の水準である。そしてこの図から明白なように，貨幣供給量が M_0 よりも大きな M_1，M_1 よりも大きな M_2 に増加しても r の水準には影響がなく，$I=S$ 曲線にして変化がなければ所得水準は Y_0 の水準にとどまるのである。かくしてこの場合に必要なのは $I=S$ 曲線を上方にシフトさせることであり，そのためには拡張的財政政策が要請されるのである。

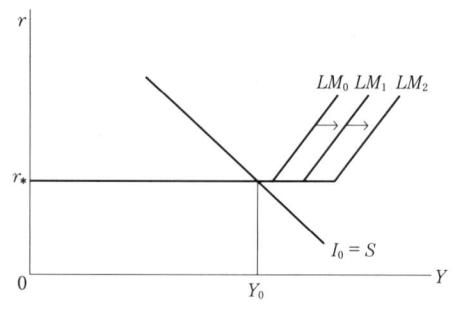

第13図　流動性の罠のケース

投資の利子弾力性欠落のケース　　さて，ケインズ的病理現象の第二番目のものは，利子率が下落しても投資水準には影響の生じないケース，すなわち投資の利子弾力性が欠落しているケースである．第14図はこのことを示している．この図の $I=S$ 曲線は縦軸に対して平行である．この場合の投資は利子率によっては影響をうけない独立投資であって，利子率が下落しても投資水準は変化せず，従って国民所得は Y_0 の水準で一定不変である．すなわち，始めに経済は $M=M_0$ の下で e_0 点に位置しており，その場合の利子率の水準は r_0 である．貨幣数量が M_0 より M_1 に増大した結果，$L=M$ 曲線は右方にシフトし，ために利子率は r_0 から r_1 に下落する．しかし国民所得は昔のままである．かくしてこの場合にも，所得水準を増大させるためには $I=S$ 曲線を右方にシフトさせるような拡張的財政政策が必要となるのである．

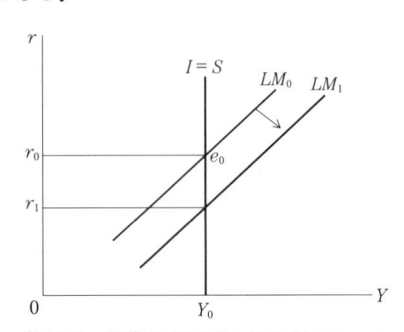

第14図　投資の利子弾力性欠落のケース

ケインズの見解　　われわれは先に（第Ⅰ篇2章2節），総需要曲線の価格弾力性の定式化においてケインズ的病理現象に言及し，これに対するケ

インズの発言を『雇用の一般理論』から引用した．この中，第一番目の流動性の罠についてケインズは，もしそのような事態が生じるならば

「貨幣当局は利子率に対する支配権を失っているであろう．しかし，この極限的な場合は将来実際に重要になるかも知れないが，現在までのところでは私はその例を知らない」([6] p.204)

と述べている．これに対して第二の投資の利子弾力性に関しては，これを当時のイギリスについて現実的なものと考えていた．その意味でケインズが重視したのは投資の利子弾力性の欠落した場合の貨幣政策の有効性であった，と言うことができるのである．

2 財政政策の有効性

財政的拡張の効果　われわれはすでに財政政策的手段による完全雇用実現のための経済政策の方式について立ち入った分析を行なっている．ここでの課題は，それを貨幣分析の $L=M$ 曲線の理論との関連で分析することである．第15図は財政的拡張がプラスの効果を国民所得にもたらすケースを図示したものである．この図で IS_0 曲線は所与の租税関数の下で政府購入が G_0 の場合に成立する需給均衡方程式，すなわち

$$I(r)+G_0 = S(Y-T(Y))+T(Y)$$

を示す．しかし以下の分析で財政的拡張という時，われわれは G が増大する場合のみに言及し，T に関する言及は省略する（しかし T の引き下げが G の増大と同様の効果をもつことを確認するのは困難ではない）．そこで第15図では政府購入が G_0 よりも大きい G_1 に増大し，$I=S$ 曲線が IS_0 から IS_1 にシフトし，それによって均衡点が e_0 から e_1 にシフトすることが示されている．

クラウディング・アウトの効果　さて，第15図において，財政的拡張にもかかわらず利子率が従来どおりの r_0 に維持されていたとすれば，国民所得は e_0 点の Y_0 から $\bar{e}_1$ 点の $\bar{Y}_1$ にまで増大しているであろう．これは $\bar{e}_1$ 点を実現するように $L=M$ 曲線を LM_0 曲線よりも右方にシフトすることによって可能となる．しかるに $L=M$ 曲線が昔のままであれば，$\bar{e}_1$ 点

第15図　財政的拡張の効果

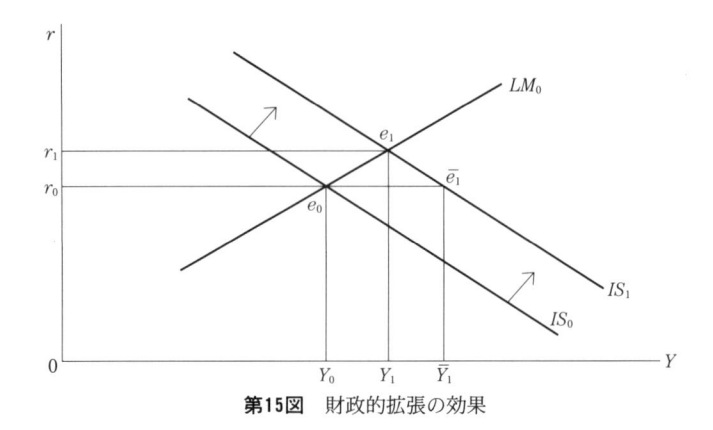

は LM_0 曲線の右方にあり，従って $L>M$ である．かくして所与の M_0 の下で利子率は上昇し，国民所得は $\overline{Y}_1$ よりも低い Y_1 の水準に収縮するのである．ここで国民所得が収縮するのは，利子率の上昇によって民間投資が抑圧され，それによって国民所得にマイナスの効果が生じるからである．このように，政府購入の増大が利子率の上昇を通じて民間投資を抑制する効果を民間投資に対する「クラウディング・アウト効果」crowding-out effect という．

流動性の罠と財政的拡張　しかるにもし経済が第13図の「流動性の罠」の状態に陥っていたとすれば，財政支出の拡張によって $I=S$ 曲線が右方にシフトしても利子率は上昇せず，クラウディング・アウトの効果は生じない．従って極めて逆説的であるが，貨幣的拡張の効果の全く存在しない流動性の罠の場合においてこそ財政支出の拡張効果は極めて大きいということができるのである．

完全なクラウディング・アウトのケース　これに対して $L=M$ 曲線が第16図に示されるように縦軸に平行な場合には，財政的拡張によって $I=S$ 曲線が IS_0 から IS_1 にシフトしても，それは増加した財政支出と同じ大きさの民間投資を100％クラウディング・アウトさせ，国民所得は Y_0 の水準を維持し変化しない．ケインズは『雇用の一般理論』において，第一次大戦後のロシアおよび中央ヨーロッパの通貨恐慌の時期にはどのような

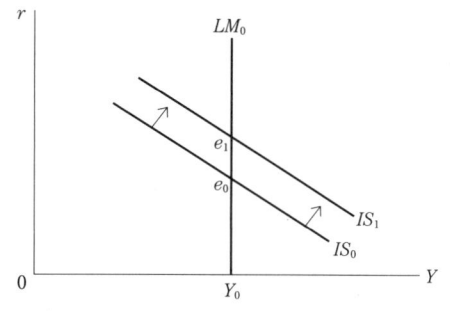

第16図　クラウディング・アウトが100％のケース

高い利子率でも誰も債券を保有しようとはせず，経済はまさにこのような状態にあったと記述している（[6] p.215）．しかしながらそのような異常なケースでなくても，古典学派のセイ法則が妥当しかつ遊休貨幣の存在しない素朴な貨幣数量説が前提にされる世界では，この第16図と同様の状態が成立するのである．なぜならば，その場合にはこの図の Y_0 は労働の完全雇用所得に等しく，政府購入の増大はすべて等額の民間投資を利子率の上昇を通じて減少させるからである．

公債発行による財政資金調達の効果　さて，これまでの分析でわれわれは政府購入の新しい支出がどのような資金によって調達されるかについて考察を加えなかった．以下においてわれわれが考察するのは政府購入の新しい支出がすべて新規に発行される公債によってであり，公債によって得られた資金はすべて民間経済に支出されるケースである．しかし公債発行による資金調達にも
　(1) 公債の中央銀行引き受けによる場合
　(2) 公債の市中公募による場合
の二つが区別されなければならない．現在，わが国の「財政法」の第五条は原則的には日本銀行の公債引き受けを禁止している．以下において考察するのは第二番目の場合である．

市中公募による財政資金調達の効果　いま，第17図において最初に経済が a 点にあったとしよう．しかるに財政支出の拡大によって $I=S$ 曲線が IS_0 から IS_1 にシフトすれば，$L=M$ 曲線が LM_0 にとどまっている限

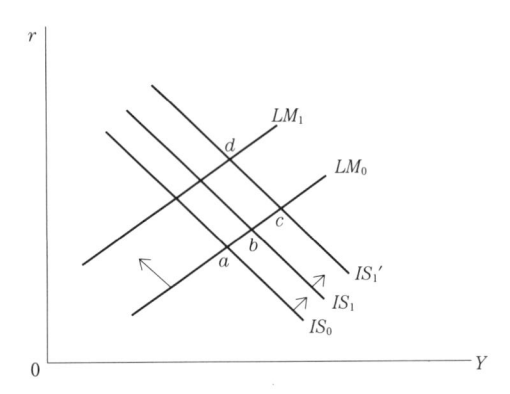

第17図 市中公募による財政資金調達の効果

り国民所得は a 点から b 点に増大するであろう．かくして公債公募によって人々の保有する金融資産は増大する．金融資産の増大はそれによって人々の消費支出の増加を促すようになるかも知れない．IS_1 曲線がそれよりも上方にある IS_1' にシフトしているのはそのことを示している．かくして経済は b 点から c 点にシフトする．これに対して，他方，金融資産の増大は貨幣需要量に対してプラスの影響を与える．なぜならば，保有する金融資産の増大は流動的な保有現金の増大を促すからである．かくして LM 曲線は LM_0 から LM_1 へと上方にシフトする．もしこのような事態が進行するならば，かくして経済は c 点から d 点に移動し，それによって利子率は上昇し，利子率の上昇によって民間投資は縮小し，もし d 点が最初の a 点の左方に位置するならば，国民所得水準は従来よりも低下することを余儀なくされるのである．

財政政策と貨幣政策の融合の必要性　貨幣的拡張をともなわない財政支出の増加（または税率の引き下げや移転支払の増大）が現実にどの程度国民所得に対して拡張効果をもつかは本来的には実証研究の課題があって，ア・プリオリィには答えることはできないであろう．この問題は『雇用の一般理論』においてすでにケインズによって明示的に次のように示されている．ケインズによれば，公共事業増大の効果について

　　「その政策の資金調達の方法と，雇用増加およびそれと結びついた物
　　価上昇によって必要とされる活動現金の増加には，貨幣当局が逆の政

策をとらない限り，利子率を高め，したがって他の方面における投資を阻止する効果をもつことがある」（[6] p.119).

とされるのである．ケインズ自身はクラウディング・アウトという言葉を用いていないが，この叙述は正にケインズが（R.F.カーン氏の示唆に従って），貨幣的拡張をともなわない公共事業の拡大が民間投資をクラウディング・アウトする可能性に注意を促したものである．この場合には，財政的拡張の効果を現実的なものにするためには財政政策と金融政策の融合する方策が考慮されなければならない．いわゆる「ポリシー・ミックス」の主張がそれである．

3 財政政策と貨幣政策のポリシー・ミックス

ポリシー・ミックスの意味 所与の経済目標に対して多様な経済政策の方策が存在する場合，その目標に対する経済政策の種々なる組み合わせ，それを「ポリシー・ミックス」policy mix という．その場合，経済目標は単一とは限らない．例えば物価水準の安定性と完全雇用の同時的実現，あるいは経常収支の均衡維持と完全雇用の同時的実現というのがそれである．しかしポリシー・ミックスが問題になるのは，経済目標に対して数において等しいかそれよりも多い政策手段が存在する場合である．

前提にする経済モデル 以下において前提にするのは，政府部門を含むケインズ体系であって，しかも外生的貨幣供給の次のような均衡体系である．すなわち

$$I(r) + G_0 = S(Y - T(Y)) + T(Y) \tag{5.3}$$

$$\frac{M_0}{P_0} = L(Y, r) \tag{5.4}$$

である．論じるまでもなく，M_0, P_0, G_0 は外生変数である．P の決定については第Ⅰ篇3章2節で分析した．記号の簡単化のために $P_0 = 1$ とおいて分析を進める．この時われわれは，所与の G および M の下で Y および r の二つの変数を次のように表わすことができる．

$$Y = Y(\underset{\oplus}{G}, \underset{\oplus}{M}) \tag{5.5}$$

$$r = r(\underset{\oplus}{G}, \underset{\ominus}{M}) \tag{5.6}$$

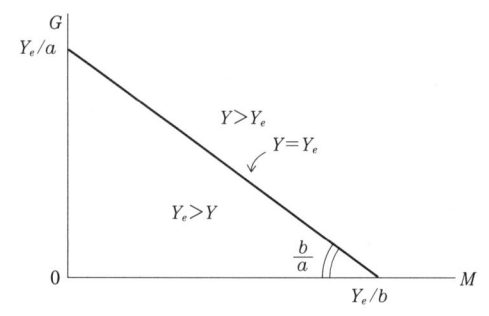

第18図　完全雇用のためのポリシー・ミックス

ここで，Y が G および M の増加関数，r が G についての増加関数，M についての減少関数であることを見るのは容易である．そして以下ではその本質を損なうことなく，計算の便宜のために，上の二つの方程式を次のような直線の方程式で示すことにする．

$$Y = aG + bM \qquad (5.7)$$
$$r = cG - dM \qquad (5.8)$$

ここで a, b, c, d はすべてプラスのパラメーターである．

完全雇用のためのポリシー・ミックス　まず，労働の完全雇用を実現するためのポリシー・ミックスについて考察しよう．このために，(5.7) の産出量 Y を完全雇用産出量 Y_e に等しいとおく．すなわち

$$Y_e = aG + bM \qquad (5.9)$$

である．この時，われわれは第18図で示されるような右下がりの直線を書くことができ，その直線の傾斜は $\{b/a\}$ である．容易に知られるようにこの直線の内側では Y は Y_e よりも小さく経済にはデフレ・ギャップが存在し，この直線の外側では Y は Y_e よりも大きく経済にはインフレ・ギャップが存在しているのである．もし $Y = Y_e$ を実現することが経済政策の目標であるとすれば，それはこの直線のいかなる組み合わせによっても可能であり，当局者は自由に G と M の組み合わせを選択することができるのである．

目標利子率のポリシー・ミックス　次に利子率に対して目標値が設定されるケースを考えよう．一定の利子率に対する要請は，例えば国際的協

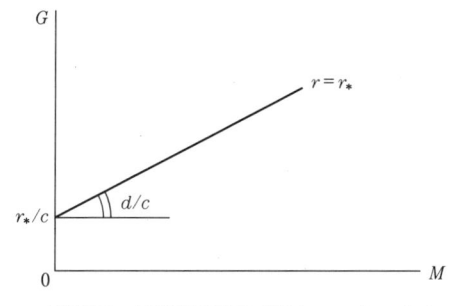

第19図 目標利子率のポリシー・ミックス

調のために現在でもしばしば生じることである．そこでその利子率の水準を r_* で示すと，上記の(5.8)は

$$r_* = cG - dM \qquad (5.10)$$

となる．第19図の右上がりの直線は r_* を実現するための G と M の組み合わせを示した直線である．等しい利子率の直線がこのように右上がりであるのは，G と M の r に及ぼす効果の符号が逆になっているからである．そしてこれよりわれわれは，もし $r=r_*$ の実現を求めるのであれば，それは多様な G と M との組み合わせによって可能であることを知るのである．

完全雇用と目標利子率の同時達成——ティンバーゲンの定理　さて，以上において，労働の完全雇用の実現（$Y=Y_e$）および目標利子率の実現（$r=r_*$）のための G と M とのそれぞれのポリシー・ミックスが記述された．問題は $Y=Y_e$ と $r=r_*$ の実現とが同時に要請された場合である．直ちに理解しうるように，この問題は第18図と第19図とを重ね合わせることによって解くことができる．第20図がそのことを示している．明らかなように，この場合には G は G_0 でなければならず，M は M_0 でなければならない．この場合には G と M との組み合わせには自由度は存在しない．そしてこれがそうであるのに，経済政策の目標とそれを実現するための経済政策の方法が数において等しいからである．そしてこのことは，「経済政策の方法は偶然を除けば経済政策の目標に対して数において等しいかあるいはそれよりも大でなければならない」という主張を裏づけるのである．これをこのような主張を行なった経済学者 J.ティンバーゲンの名前を冠

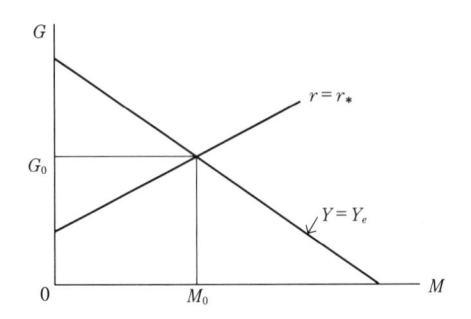

第20図 完全雇用と目標利子率の同時達成

して「ティンバーゲンの定理」という．第20図はまさにティンバーゲンの定理の正当性を確認するものである．

第II篇　参照文献

[1]　American Economic Association, "The Problem of Economic Instability," 1951 (E. Despres, M. Frisdman, A. G. Hart, P. A. Samuelson, D. H. Wallace) in *Reading in Fiscal Policy,* 1955, pp. 405-40.

[2]　Bator, F. M., "Functional Finance", *The New Palgrave, A Dictionary of Economics* vol. 2, 1998, pp. 441-43.

[3]　Friedman, M. and Mieselman D., "The Relative Stability of Monetary Velocity and the Investment Multiplier in the United States, 1897-1960", in *Stabilization Policies* (Comission on Money and Credit), 1963, pp. 165-268.

[4]　Haavelmo, T., "Multiplier Effects of a Balanced Budget", *Econometrica*, Vol. 13, 1945, pp. 311-18.

[5]　Hewitson, G., "Post Keynesian Monetary Theory : Some Issues" *Journal of Economic Surveys*, vol. 9 No. 3, 1955, pp. 285-310.

[6]　Keynes, J. M., *The General Theory of Employment, Interest and Money*, 1936（塩野谷祐一訳『雇用・利子および貨幣の一般理論』，1995）.

[7]　Keynes, J. M., *How to Pay for the War*, 1940（中内恒夫訳『戦費調達論』1971）.

[8]　Lerner, A. P., "Finance and the Federal Debt", *Social Research* 10, Feb., 1943, pp. 38-51.

[9]　Moor, B., *Horizontalists and Verticalists: The Macroeconomics of Credit Money*, 1988.

[10]　Okun, A. M.,"Potential GNP: its Measurement and Significance", *Proceedings of the Business and Economic Statistics Section*, American Statistical Association, 1962, pp. 98-104.

[11]　Poole, W., "Optimal Choice of Monetary Instruments in a Simple Stochastic Model", *Q. J. E.*, May 1970, pp. 197-216.

[12]　Tinbergen, J., *On the Theory of Economic Policy*, 1952（気賀健三・加藤寛訳『経済政策の理論』1956）.

[13]　Tobin, J., "Okun, Arthur M." *The New Palgrave, A Dictionary of Economics*, vol. 3, 1989, pp. 700-701.

第III篇

開放体系における巨視的経済政策論

第1章

開放体系のマクロ経済学的基礎

────────

1 部門別収支バランスと国際収支表

三つの経済部門 これまでの封鎖体系の分析においてわれわれは、経済部門を消費者および企業からなる民間部門と政府部門の二つに分類した。開放体系を問題にする時にはさらにこれに外国部門を導入しなければならない。以下でわれわれは年々生産される国民生産物がどのように処分されるかという観点から、民間部門・政府部門および外国部門の間に存在する収支バランスの関係を明らかにする。但し上述したように政府部門については「一般政府」の概念を用いる。再述すればそれは、単に中央政府および地方政府の財政活動だけではなく社会保障の収支活動を含めた国民経済の計算体系に適合的な概念である。

部門別収支バランスの相互関係 さて、$Y=$国内総生産、$C=$民間消費支出、$I=$民間投資支出、$G=$政府購入、$Exp=$輸出額、$Imp=$輸入額とし、これらをすべて現行の市場価格が表示した価値額であるとすれば、定義的に

$$Y = C + I + G + Exp - Imp \qquad (1.1)$$

が成立する。次に同じく名目価値額で表示して

$$T = 租税収入 + 社会保障分担金 - \{補助金 + 移転支払\}$$

とすれば、これは一般政府のネットの収入を示している。さらに

$$S = 個人貯蓄 + 企業貯蓄$$

とすれば、これは民間部門の貯蓄を示すことになる。但し、民間部門の投資支出と同じようにSもグロスの価値額である。かくしてこれより定義的に

$$Y = C+T+S \tag{1.2}$$

が従う。そこで(1.1)＝(1.2)とおいて整理すると、われわれは次式を得ることができる。

$$\{S-I\}+\{T-G\}+\{Imp-Exp\} = 0 \tag{1.3}$$

この方程式で、$\{S-I\}$は民間部門の貯蓄と投資のバランス、$\{T-G\}$は政府部門の収支バランス、そして$\{Imp-Exp\}$は外国部門の経常的取引の収支バランスを示している。論じるまでもなくこの方程式は民間部門・政府部門・外国部門の三つの経済部門の間に成立する必然的な収支バランスの関係を示したものであって、事後的恒等式から導かれる自明の等式に他ならない。明白なように$G>T$であって政府部門が赤字であっても、$S>I$であって民間部門が黒字であり、しかもその黒字幅が政府部門の赤字を充分にカバーしているならば、$Exp>Imp$となる。これは外国部門はこの国に対して赤字であり、この国の外国貿易における経常収支は黒字であることを意味する。現今の日本経済は正にそのような状態にある[1]。

国際収支——経常収支　一定期間の対外取引の中で経常的な財・サービスの取引額を記録するのが「経常収支」current account である。従前のIMF（国際通貨基金）の方式に従うと、経常収支は次の三つの項目に大別されていた。

$$\text{経常収支}\begin{cases} ① \text{貿易収支} \\ ② \text{貿易外収支} \\ ③ \text{移転収支} \end{cases}$$

①の貿易取引は商品の取引を記録したものであって、近年の日本経済ではこれは圧倒的な黒字を示している。これに対して②の貿易外取引は運輸・旅行・保険などのサービスの取引や資本果実の収支、さらには特許料の収支などの「見えない貿易」の収支の状況を記録するものである。最後の③の移転収支は、例えば国連への拠出金のように反対給付を必要としない国際間の贈与・賠償などを記録するものであって、ほとんどの先進工

---

[1] これに対して1998年以降のアメリカ合衆国は、民間部門は赤字（すなわち$I>S$）、政府部門は黒字（すなわち$T>G$）であるが、政府部門の黒字は民間部門の赤字をカバーできず、外国部門には赤字（$Imp>Exp$）が存在している。

業国ではマイナスである．そして以上を集計したのが経常収支である．

国際収支――資本収支　経常収支に対して「資本収支」capital account は対外資産および負債の変化分を記録するものであって，一定期間における外国部門への資本貸付をマイナスの項目，外国部門からの資本借入をプラスの項目として記入する．この時，経常収支の黒字は資本収支の赤字に見合い，経常収支の赤字は資本収支の黒字と見合うことになる．すなわち，経常収支と資本収支を加えたものを国際収支と定義するならば，それは恒等的にゼロであって，

$$国際収支 = 経常収支 + 資本収支 = 0$$

が成立するのである．しかしこれでは国際収支に関する「不均衡」の概念規定が不可能となる．そこで従来 IMF では，資本収支の項目を次のように分類した．

$$資本収支 \begin{cases} ① \text{一年以上の貸与期間をもつ資本収支} = 長期資本収支 \\ ② \text{一年未満の貸与期間をもつ資本収支} \end{cases}$$

$$= \begin{cases} a\ 短期資本収支 \\ b\ 金融勘定 \begin{cases} 為替銀行 \\ 中央銀行 \end{cases} \end{cases}$$

ここで①の長期資本収支は証券投資・直接投資・長期借款・延払信用などに分類され，期間の取り決めのない資本取引はすべてこの項目に算入される．これに対して一年未満の期間の資本取引は短期資本収支と金融勘定に分類される．a および b がそれである．a の「短期資本収支」は取引者が銀行以外の民間人の，期間が一年未満の資本取引・貿易信用・借款・短期証券投資などを記録し，b の「金融勘定」financial account は為替銀行および中央銀行の短期資本収支を記録するものである．等しく一年未満の資本取引であっても，このように a および b に分類するのは，一方で為替銀行は対外収支の差額をファイナンスするという受動的な役割をもち，他方で中央銀行は金や外貨などの準備資産の操作を通じて経済全体の国際取引の不均衡を調整するという受動的役割をもっていて，一般の取引者とは区別されるからに他ならない．

従来型の国際収支表　さて，以上の経常収支および資本収支を一表にまとめると，次のようになる．

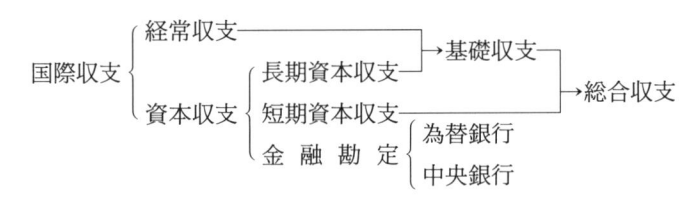

$$
国際収支 \begin{cases} 経常収支 \\ 資本収支 \begin{cases} 長期資本収支 \\ 短期資本収支 \\ 金融勘定 \begin{cases} 為替銀行 \\ 中央銀行 \end{cases} \end{cases} \end{cases}
\begin{matrix} \rightarrow 基礎収支 \\ \\ \rightarrow 総合収支 \end{matrix}
$$

これまでIMFは経常収支に長期資本収支を加えたものを「基礎収支」とよび，それがゼロの状態を経済は「基礎的均衡」fundamental equilibrium の状態にあるとした．この考え方の背後には，長期資本は安定した資金であって，たとえ経常収支が赤字であってもそれをカバーするように長期資本収支が黒字ならば国際収支には不都合な問題はないという考えが伏在している．しかしこれには以前から強い反論が存在していた．例えば10年以上の満期のアメリカの国債であっても，その国債価格が下落すると予想されるならば，投資家はそれを債券市場で処分してドル紙幣に切り換えるであろう．その場合には長期と短期の関係は曖昧である．そして何らの限定なしに国際収支という時には基礎収支に短期資本収支を加えたもの（これを「総合収支」という）が意味されてきたのである．上の分類から明らかなように，総合収支がプラスの場合には絶対額において等しいマイナスの金融勘定が対応する（以上では簡単化のために誤差脱漏の項目は除外してある）．

新しい国際収支表　さて，以上が IMF の従来型の国際収支の分類である．これに対して最近，IMF は「国際収支統計マニュアル」（第5版）においてその発表形式を全面的に改訂し，それにともなってわが国でも国際収支表に基本的改訂を加えることになった．第1表は従来型の国際収支の分類と新しい分類との関係を示したものである．以下，従来型と比べての新分類の特色を瞥見しよう．

新分類の特色 (1)　新しい分類における最も大きい特色は，これまで長期と短期とに区分されていた資本収支の分類を止め，これに為替銀行の

第1表 国際収支表の従来型と新分類型の関係

従来の分類（第4版）	新　分　類（第5版）
○経常収支	○経常収支
貿易収支	貿易・サービス収支
・輸　出	貿易収支
・輸　入	・輸　出
	・輸　入
貿易外収支	サービス収支
・運　輸	・輸　送
・旅　行	・旅　行
・投資収益	・その他サービス
・その他	通　信
	建　設
	保　険
	金　融
	情　報
	特許等使用料
	その他営利業務
	文化，興行
移転収支	公的その他サービス
	所得収支
○資本収支	・雇用者報酬
長期資本収支	・投資収益
・直接投資	直接投資収益
・延払信用	証券投資収益
・借　款	その他投資収益
・証券投資	
・その他	
〈基礎収支〉	経常移転収支
短期資本収支	○資本収支
	投資収支
	・直接投資
○誤差脱漏	・証券投資
	｛株式／債券｝　中長期債（満期1年超）
〈総合収支〉	短期債　（満期1年以下）
	金融派生商品(オプション,ワラント,スワップ)
	・その他投資
○金融勘定	貸付・借入
外貨準備増減	貿易信用
	現預金
	雑投資
その他	その他資本収支
	・資本移転
	・その他資産
	○外貨準備増減
	○誤差脱漏

資料：日本銀行調査月報，1996年2月号，pp.31-58

短期の資本収支を加えたものを「資本収支」という項目に一括したことにある．上述したように従来型の国際収支表においても短期と長期の区分の恣意性については多くの議論があり，また近年の資本の自由化・国際化にともなって為替銀行が能動的に資本取引の業務分野を拡大していることに再検討が要請されていた．新分類ではこのような時代の流れを受け入れたのである．

新分類の特色 (2)　第二の特色は従来の金融勘定の分類を止め，中央銀行の「外貨準備増減」を独立の項目として取り上げたことである．金および外貨の準備はそれぞれの国の最終的な対外的支払いのための準備資産であり，さらにそれは当局の為替市場への介入資金として利用されるのである．

新分類の特色 (3)　移転収支を経常移転収支と資本移転収支とに分類し，後者を資本収支の項目に含めたことも重要な変更である．しかしより重要なのは従来の貿易外収支を「サービス収支」と「所得収支」とに区分したことにある．ここで所得収支は海外からの要素所得（雇用者報酬および投資利益）の受け取りと海外への要素所得の支払いとの差額を記録するものであって，国民概念を基礎にする「国民総生産」GNPから所得収支を控除したものは国内概念を基礎にした「国内総生産」GDPに等しいのである．すなわち

$$GNP = GDP + 所得収支$$

である．近年，マクロ的指標としてのGNPの概念に対してGDPの概念の利用に注目が集まっているが，所得収支を別項目として立てることによりGNPとGDPの関係が一見して明白になったと言ってよい．

2　固定相場制と変動相場制

為替相場と政府介入　為替相場あるいは為替レートは二国間の通貨の変換比率を意味する．現在，それは世界の基軸通貨のドルに対する各国通貨の交換比率で示されるのが慣行となっている．そしてこの通貨の交換比

政府介入	為替相場	
	固定的	可変的
原則不在	金本位制 (1870～1914)	自由変動相場制 (1919～1926)
存　在	調整可能な釘付け (1946～1971)	管理変動相場制 (1973～現在)

率が固定しているのが「固定相場制」，それが自由に変動するのが「自由変動相場制」である．固定相場制の古典的事例は金本位制であるが，1973年以降，世界の主要諸国は自由変動相場制の下にある．そしてこの二つの相場制はそれに対して政府介入が存在しているかどうかによって，上のように分類することができる．

歴史的変遷　以上の分類を前提にして，世界の通貨体制は次のような四つの歴史的変遷に区分することが可能である（[5] chap.18)．
(1) 国際的金本位制（1870～1914)
(2) 戦間期時代（1918～1939)
(3) ブレトン・ウッズ体制（1946～1971)
(4) 変動相場制への移行（1973～現在)

国際的金本位制　「金本位制」gold standard system とは通貨の価値が金の一定量と結び付いていて，大義名分のない限り各国がそれを遵守する義務を負う制度のことである．そして原則的に金本位制が維持されるためには，次の三つのルールが守られる必要がある．
① 各国の通貨の金で算定される価値，すなわち金平価が固定していること．
② 政府は通貨と金の交換に100％応じること．
③ 政府の通貨供給量と金保有量とは正比例の比率を維持すること．
この制度は18世紀にイギリスで確立され，1870年にドイツがこの制度に移行し，次いでその後期にヨーロッパの主要諸国およびアメリカ合衆国がそれに参加して世界の支配的通貨体制となったのである．日本が金本位制に参加したのは1897年である．問題はこの制度によって世界経済の秩序がど

のように維持されてきたかを知ることである．これを示すのが「物価・正貨流出入機構」price-specie-flow-mechanism である．

物価・正貨流出入機構　　いま，A国において貿易収支の赤字が生じたとしよう．金本位制の下では次のようなメカニズムが進行するものとされる．

　　貿易収支の赤字──→金正貨の流出──→国内通貨供給量の減少──→物価水準の下落──→輸出の増大──→貿易収支の改善．

これに対して貿易収支の黒字をもつB国では次のようになる．

　　貿易収支の黒字──→金正貨の流入──→国内通貨供給量の増大──→物価水準の上昇──→輸出の減少──→貿易収支の縮小．

かくして金正貨の国際間の流出入を通じて貿易収支のバランスが実現する，これが物価・正貨流出入メカニズムの大要である．そしてそのことを最初に明らかにしたスコットランドの経済学者 D. ヒュームの名前をとってこれを「ヒューム・メカニズム」Hume mechanism という（[1] p.384）．ここでは一国の貿易収支は，一定の為替レートを前提に，外国の物価水準に対する国内物価水準の相対的比率と逆比例の関係に立つという考え方が基礎に存在している．さらに19世紀の後期には短期的な資本移動の要因が加わるようになったが，それは金本位制による均衡調整のメカニズムを強化する方向に作用するとされた．すなわち，金正貨の流出国での貨幣供給量の減少は短期利子率の上昇を導き，それは海外からの金の流入を促進し，反対に金正貨の流入国では貨幣供給量の増大によって短期利子率の下落を導き，それは海外への金の流出を招来し，かくして貿易収支の均衡回復の促進要因として機能するとされたのである．

戦間期および大戦時代　　第一次大戦および第二次大戦の戦間期における国際通貨体制は，ドイツの脱落によりイギリス・フランス・アメリカ合衆国の三国協定によって支配されたが，インフレ対策のための金不胎化による金本位制のルールの一時的停止や自国に有利となる為替レートの決定を中心に，金本位制からの一時的離脱・変動相場制への一時的移行・金本位制への復帰，そしてそれからの再度の離脱など，多様な歴史的変遷を示

してきた．わが国でも，アメリカに追随して1917年に金輸出の停止，1930年の金解禁，そして翌年金輸出の再禁止という激変期を経て戦時経済に突入した．主要諸国では，しかし，第二次大戦期には為替レートは固定的に釘付けされた．

ブレトン・ウッズ体制　1946年12月，戦後の世界経済の新しい秩序の建設に向けてブレトン・ウッズ Bretton Woods 体制がスタートした．国際通貨基金 IMF はその中核となる機関である．それは，国際的為替レートの安定性の維持を図りながら，国際収支の一時的不均衡に対処し得るような金融支援を行なうことを課題とした．そしてその目的を達するために IMF は，基本的に世界の通貨に対して次の二つのルールを設定した．すなわち

(1) 一定の条件の下で調整可能であるが，決定された為替レートは固定的とする
(2) 合衆国は，外国からの要求があれば，1オンスの金＝35ドル（1934年のレート）で金とドルの交換に応じる

というのがそれである．この中の第二のルールによって金とドルは等価物となり，この通貨体制は「金・ドル本位性」とよばれた．そしてこれが第一のルールと結び付くならば，世界の通貨体制は原則的にはかつての金本位制と同等のものとなる．しかも通貨価値が金の一定量で保障されるならば，これほどに完全確実なインフレ対策はない．その意味で IMF のルールは世界の通貨価値の安定の実現を目指したものであると言うことができるのである．

変動相場制への移行　1960年代の世界経済へのドルの海外流出を背景に，米国は1971年8月，金とドルの交換停止を余儀なくされた．いわゆる「ニクソン・ショック」がそれである．これによって IMF はその第二番目のルールを中止し，ために世界経済は大混乱に陥った．そしてその年の12月，スミソニアン協定が成立し，例えば1949年に決定された1ドル＝360円の為替レートは1ドル＝308円に改訂された．しかるにそれによってもアメリカ合衆国の海外へのドル流出は止まらず，1973年2月，IMF の

第一番目のルールの固定相場制の廃止を余儀なくされ，世界の主要諸国は現在の自由変動相場制に移行したのである．しかし変動相場制といっても，それは完全自由変動相場制ではなく，例えば為替レートの乱高下を排除するといった理由で当局が為替市場に介入することが容認された「管理変動相場制」である．

3　経常収支の決定要因

諸前提　上述したように経常収支は貿易収支・貿易外収支・移転収支を合算したものである．これらは種々なる項目を含んでいて決して同質的ではない．しかし以下では，経常収支の項目はマクロ経済学の常套に従い，国民生産物とサービスも含めてその構成比率が同一の生産物の集合体であると想定し，その一部が輸出されかつ輸入されると仮定する．改めて輸出数量を Exp，輸入数量を Imp で示す．そして輸出価格を P（従ってこれは国内生産物の価格と同一である），輸入価格を q で示し，それらはともに自国の通貨単位，例えば円の単位で示されているものとする．かくして経常収支は（それは「純輸出」net export とよばれる）

$$経常収支 = PExp - qImp \qquad (1.4)$$

となる．そこでこれを P でデフレートしたものを改めて「実質経常収支」とよび，それを B で示す．すなわち

$$実質経常収支 \equiv B = Exp - \frac{q}{P}Imp \qquad (1.5)$$

である．

実質為替レートと名目為替レート　以下においてわれわれは q を P で割った比率を π で示し，それを「実質為替レート」real exchange rate とよぶ．すなわち

$$\frac{q}{P} = \pi = 実質為替レート$$

である．当然のことながら π は無名数である．これに対して $q_f =$ ドル表示の輸入価格とし，q を q_f で割った比率を e で示すならば，e は「ドルに対する円の交換比率」すなわち「名目為替レート」を示すものに他なら

ない．すなわち

$$\frac{q}{q_f} = e = 名目為替レート$$

である．かくして次式が成立する．

$$\pi = \frac{q}{P} = e\left\{\frac{q_f}{P}\right\} \qquad (1.6)$$

明白なように，もし q_f と P の比率 $\{q_f/P\}$ が所与とされるならば，π と e とは正比例の関係に立つことになる．これに対してもし π が所与の大きさとされるならば，e と $\{q_f/P\}$ とは反比例の関係に立つ．例えば，外国のインフレ率が国内のインフレ率よりも大であれば，$\{q_f/P\}$ は上昇し，従って e は減少しなければならない．e の減少は外国の通貨価値に比べてこの国内の通貨価値の引き上げ，すなわち「減価」depreciation を意味するのである．

輸出関数の定式化　さて，輸出数量 *Exp* の決定要因の分析から始めよう．以下で仮定するように，もし輸出財が劣等財でなければ，他の事情を一定にしてそれは外国の実質所得（これを Z で示す）の増加関数である．これに対して *Exp* は，もしそれが外国品と競合関係にあるとすれば（そして以下では基本的にそのようなケースを取り上げる），P に対する q の比率，つまり実質為替レートが低下するならば減少するようなものである．すなわち，*Exp* は π の増加関数である．かくしてわれわれは，他の事情を一定にして，輸出数量 *Exp* について，

$$Exp = Exp(\underset{\oplus}{Z},\ \underset{\oplus}{\pi}) \qquad (1.7)$$

の関数を提示することができる．これを「輸出関数」export function と名づける．

輸入関数の定式化　次に輸入数量 *Imp* について考察しよう．*Exp* が Z の増加関数であるのと同じように，われわれは *Imp* が他の事情を一定にして国内総生産 Y の増加関数であると想定する．これに対して *Imp* は，それが国内品と競合関係に立っていると考えるならば，実質為替レートの減少関数とみなすことができるであろう．すなわち，相対的に輸入品の価格が高くなれば輸入数量は減少すると想定するのである．かくしてわれわ

れは

$$Imp = Imp(\underset{\oplus}{Y}, \underset{\ominus}{\pi}) \qquad (1.8)$$

を提出することができる．これを「輸入関数」import functionと名づける．

マーシャル＝ラーナーの為替市場の安定条件　さて，上でわれわれは実質経常収支を B で示した．そこでそれぞれ(1.7)および(1.8)で示される輸出関数および輸入関数をそれに代入するならば，次式が成立する．

$$B = Exp(\underset{\oplus}{Z}, \underset{\oplus}{\pi}) - \pi Imp(\underset{\oplus}{Y}, \underset{\ominus}{\pi}) \equiv B(\underset{\oplus}{Z}, \underset{\ominus}{Y}, \underset{\oplus}{\pi}) \qquad (1.9)$$

すなわち B は $Z \cdot Y \cdot \pi$ の関数である．明白なように B は Z の増加関数, Y の減少関数である．すなわち，外国の所得水準が上昇すると B は改善され，反対に国内の所得水準が上昇すると輸入の増大を通じて B は悪化するのである．問題は B と π との関係である．一見したところ，B は π の増加関数であるように見えるが，そうではない．確かに Exp は π の増加関数，Imp は π の減少関数である．しかるに Imp には π が乗ぜられているから，例えば π が上昇した結果 Exp が増大し Imp が減少したとしても，π と Imp の積の増加分が Exp の増加分を凌駕するならば，π の上昇は B の悪化を招くことになる．しかし以下においてわれわれは，B は π の増加関数であると想定する．このことを可能にするための条件は次のごとくである．まず B を π で微分するならば（これを $B\pi$ で示す）

$$\frac{\partial B}{\partial \pi} \equiv B\pi = \frac{\partial Exp}{\partial \pi} - \left\{ \pi \frac{\partial Imp}{\partial \pi} + Imp \right\} \qquad (1.10)$$

を得る．さらに輸出および輸入の価格弾力性を次のように定義する．

$$\text{輸出の価格弾力性} \equiv \alpha = \frac{\partial Exp}{\partial \pi} \div \frac{Exp}{\pi} = -\frac{\partial Exp}{\partial p} \div \frac{Exp}{p} \qquad (1.11)$$

$$\text{輸入の価格弾力性} \equiv \beta = -\frac{\partial Imp}{\partial \pi} \div \frac{Imp}{\pi} = -\frac{\partial Imp}{\partial q} \div \frac{Imp}{q} \qquad (1.12)$$

すなわち，輸出（および輸入）の価格弾力性 α（および β）は他の事情を一定にして輸出価格（および輸入価格）が1％上昇した時に輸出数量（および輸入数量）が何％減少するかを示すものであり，正常な状況の下では α（および β）はプラスである．そこでこの α および β の関係を(1.10)に代入して整理するならば，次式が成立する．

第1章　開放体系のマクロ経済学的基礎

$$\frac{\partial B}{\partial \pi} \equiv B\pi = \beta \frac{Exp}{\pi} - (1-\alpha) Imp \tag{1.13}$$

いま，π が変化する時に経常収支がゼロであり，従って $Exp = \pi Imp$ であったとしよう．この時，(1.13)は

$$\frac{\partial B}{\partial \pi} \equiv B\pi = (\alpha + \beta - 1) Imp \tag{1.14}$$

となる．$Imp > 0$ であるから，この場合に B が π の増加関数であるためには，

$$\alpha + \beta > 1 \tag{1.15}$$

でなければならない．すなわち，輸出の価格弾力性と輸入の価格弾力性の和は1よりも大でなければならないのである．そしてこの条件を定式化した経済学者の名前を冠してこれを「マーシャル＝ラーナーの為替市場の安定条件」と言う[2]．

Jカーブ効果　いま，最初に $B = 0$ が成立しかつマーシャル＝ラーナーの為替市場の安定条件がみたされているものとしよう．しかるに為替レートの変化が輸出入の数量に影響をもつためには時間の経過が必要である．従ってマーシャル＝ラーナーの条件が成立するためにも為替レートの変化から例えば6か月といった時間が必要であって，一時的には自国通貨価値の減価（すなわち名目為替レート e の上昇）はむしろ経常収支を悪化させることもあり得るのである．「Jカーブ効果」J-curve effect とよばれる現象がそれである[3]．このことが第1図で示されている．いま，$Z = Z_0$，$Y = Y_0$，$\pi = \pi_0$ の下で経済が

$$B(Z_0, Y_0, \pi_0) = 0$$

の状態であったとしよう．①までの状態がそれである．その時の時点を

---

[2]　B がマイナスの時には為替レートが減価して B が良化し，反対に B がプラスの時には為替レートが増価して B が減少するならば，為替市場は安定的であると言われる．マーシャル＝ラーナーの条件はまさに為替市場の安定性を示す条件である．しかしその証明は $B = 0$ を前提にしているのであって，他の機会に私は，たとえマーシャル＝ラーナーの条件がみたされていても為替市場は不安定となるケースのあり得ることを示しておいた（[11]，p.256）．

[3]　Jカーブ効果についての簡潔な説明および実証的数値については，P.R.クルーグマン（[5]，pp.598-613）を参照せよ．

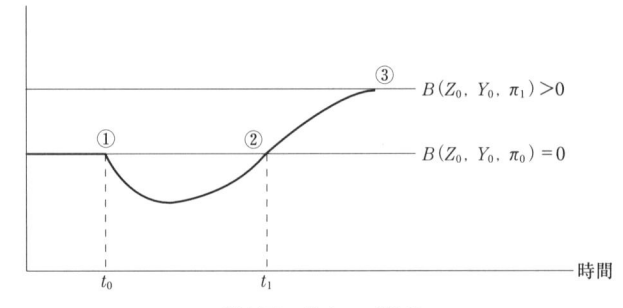

第1図 Jカーブ効果

t_0 とする．いま，t_0 時点で実質為替レートが減価し，π が π_0 から π_1 に引き上げられたとしよう．マーシャル＝ラーナーの安定条件がみたされているならば，かくして

$$B(Z_0, Y_0, \pi_1) > B(Z_0, Y_0, \pi_0) = 0$$

となる．③の状態がそれである．しかるに①から③に移行するためには，図に示されているように，経常収支は一時的に①から②までの間にはマイナスとなり，②の時点 t_1 をすぎてからプラスに転じるような経路を辿る．そしてこのような状態がローマ字のJの型に似ていることから，π の上昇にともなう経常収支へのかかる効果を「Jカーブ効果」とよぶのである．

Jカーブ効果発生の理由　Jカーブ効果発生の理由は次のごとくである．まず①の時点で π の上昇（例えば平価切り下げ）が生じるならば，最初は輸出数量 *Exp* および輸入数量 *Imp* はともにこれまでの契約条件で取り引きされ，差し当たりは数量に対する効果はゼロである．しかるに π の上昇によって自国通貨で測った輸入価格 q は π と同じ率で上昇するが，輸出価格 P は元のままである．かくして輸入金額は上昇し経常収支はマイナスとなる．しかるに時間が経てば古い契約の取引は完了し，新しい為替レートの下で新しい取引が結ばれることになる．図の②の時点がそれである．新しい状況では輸入価格の上昇とともに輸入数量は減少し，輸出価格の低下によって輸出数量は増大するようになる．もしマーシャル＝ラーナーの安定条件がみたされているならば，かくして自国通貨で測定した経常収支はプラスとなり，③の時点でその効果は完全に実現するのであ

第2表 輸出および輸入の価格弾力性

	輸出の価格弾力性(α)			輸入の価格弾力性(β)		
	当初	短期	長期	当初	短期	長期
日　　　本	0.59	1.01	1.61	0.16	0.72	0.97
米　　　国	0.08	0.48	1.67	—	1.06	1.06
英　　　国	—	—	0.31	0.60	0.75	0.75
西　　　独	—	—	1.41	0.57	0.77	0.77
フランス	0.20	0.48	1.25	—	0.49	0.60
イタリア	—	0.56	0.64	0.94	0.94	0.94
カ ナ ダ	0.08	0.04	0.71	0.72	0.72	0.72
オーストリア	0.39	0.71	1.37	0.03	0.36	0.80
デンマーク	0.82	1.13	1.13	0.55	0.93	1.14
オランダ	0.24	0.49	0.89	0.71	1.22	1.22
ス イ ス	0.28	0.42	0.73	0.25	0.25	0.25

出典）クルーグマン『国際経済』(国際マクロ経済学) II, p.613．
（—）は統計値を入手できないケースを示している．

る．

解析的展開　以上の経過を解析的に示すと次のごとくである．上述したように B を π で微分すると

$$\frac{\partial B}{\partial \pi} \equiv B\pi = \frac{\partial Exp}{\partial \pi} - \left\{ \pi \frac{\partial Imp}{\partial \pi} + Imp \right\}$$

である．しかし一時的には π が上昇しても Exp は変化せず（すなわち $\partial Exp/\partial \pi = 0$)，同様に Imp も変化しない（すなわち $\partial Imp/\partial \pi = 0$)．かくして

$$\frac{\partial B}{\partial \pi} \equiv B\pi = -Imp$$

となり，B はマイナスとなる．しかし時間が経てばやがて

$$\frac{\partial Exp}{\partial \pi} > 0 \quad \text{および} \quad \frac{\partial Imp}{\partial \pi} < 0$$

の効果が生じ，経済は①の状態から②の状態，そして②の状態から③の状態に推移するのである．

価格弾力性の実測的推定値　第2表はクルーグマンに従って（[5]）製

品貿易の価格弾力性に関する IMF による推定値を G7 および統計が利用可能なその他の国々について示したものである．この表で「当初」とは価格変化が 6 か月間の貿易数量に及ぼす効果の弾力性，「短期」とは一年間の調整期間の効果の弾力性，そして「長期」は価格変化に対して無限の調整期間の場合の効果の弾力性を意味する．明白なように，一年以上の長期については大体においてマーシャル＝ラーナーの安定条件がみたされているが，「当初」の場合にはみたされていない．すなわち 6 か月以内では J カーブ効果の生じる可能性は大きいのである．

4　購買力平価説

絶対的購買力平価説　　もし取り引きされる生産物が完全に同質的でかつ取引のコストが無視できるならば，取引に制限のない限り両国には「一物一価の法則」が支配し，両国の価格が等しくなるように為替レートは決定されているであろう．例えばアメリカでトウモロコシが 1 本 1 ドル，日本で 1 本 100 円ならば，一物一価の法則を前提にして為替レートは 1 ドル＝100 円となっているはずである．このように同質の財貨はすべての国で同一の価格で取り引きされるように為替レートは決定されていなければならないとする主張を「絶対的購買力平価説」the law of absolute purchasing power parity doctorine という．しかし現実には生産物は同質的ではなく，輸送のコストは無視できず，取引には無数の不完全競争の要素が伏在している．問題なのは通貨の個別的購買力ではなく，取り引きされる財貨全体に適用される通貨の購買力の相対的国際比較である．

相対的購買力平価説　　さて，上でわれわれは実質為替レート π を定義した．再度それを明示すれば，名目為替レート（例えば ¥/$）を e，ドル表示の輸入価格を q_f，円表示の輸出価格を P で示すならば，それは

$$\pi = e \left\{ \frac{q_t}{P} \right\} \qquad (1.16)$$

で示されるようなものであった．そこで両辺の変化率を求めるならば

第1章　開放体系のマクロ経済学的基礎　　　　　115

$$\frac{\Delta e}{e} = \left\{\frac{\Delta P}{P} - \frac{\Delta q_f}{q_f}\right\} + \frac{\Delta \pi}{\pi} \qquad (1.17)$$

が成立する．ここで $\Delta P/P$ は自国のインフレ率，$\Delta q_f/q_f$ は相手国のインフレ率である．もし π が不変ならば（従って $\Delta \pi/\pi = 0$），名目為替レートの変化率 $\Delta e/e$ は両国のインフレ率の差に等しい．すなわちもし相手国に対して自国のインフレ率が大であれば，自国通貨の価値は「減価」し，反対に相手国のインフレ率が大であれば自国通貨の価値は「増価」する．このように実質為替レートを不変とした上で二国間の通貨の交換比率の決定を両国のインフレ率の差に求める主張を「相対的購買力平価説」the law of relative purchasing power parity doctorine と言い，なんらの限定なしに購買力平価という時には相対的購買力が意味されるのである．

購買力平価説の有用性　　では為替レートの変化率 $\Delta e/e$ に対して購買力平価説はどれほどの説明力をもっているのであろうか．もし両国のインフレ率の間に格差が存在しないのに e が変化しているとすれば，それは e の変化が π の変化を反映していることを意味している．しかし最近の経験によれば，いくつかの先進工業国では e の変化率はほぼインフレ率の格差と比例しており，購買力平価説の有用性を示しているといってよい．問題なのは物価指数として何を用いるか，である．興味があるのは第2図である．これは1998年度の『経済白書』からのものであって，1973年を基準年次とした日本とアメリカ合衆国の各種の物価水準の相対的比率と実際の為替レートの動きを対比させた図表である．この図では消費者物価をベースにしたもの（日本の消費者物価指数を米国のそれで割った相対的比率），卸売物価をベースにしたもの，製造業GDPデフレーターをベースにしたもの，輸出物価指数をベースにしたものの四種類の物価指数が図示され，それとの関連で実際の為替レートの動きが示されている．これら四種類の物価指数はすべて低下しているが（このことはアメリカ合衆国と比べて日本の物価指数は相対的に低下していることを示している），低下の程度は輸出物価ベースのものが一番大きく，消費者物価ベースのものが一番低い．そして現実の為替レートはこの二つのベースのものをそれぞれ下限および上限にして，短期的には若干の逸脱はあるが基本的に購買力平価

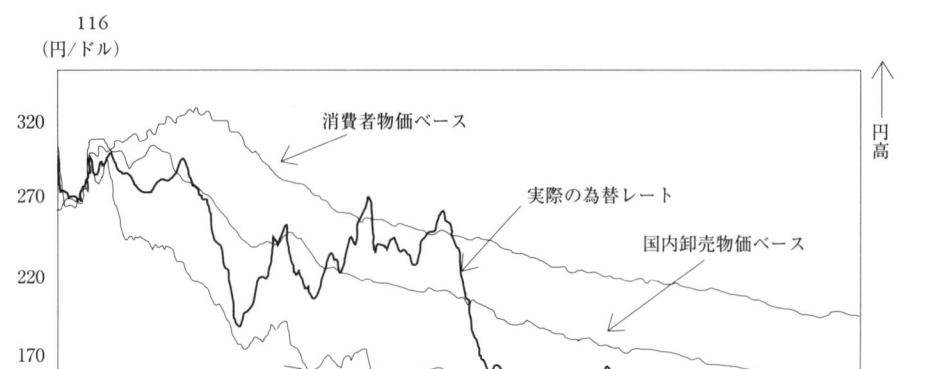

第2図　日米の購買力平価説と為替レート

(グラフ：1973年〜1998年の円/ドル為替レート。消費者物価ベース、実際の為替レート、国内卸売物価ベース、輸出物価ベースの4系列を表示。縦軸70〜320円/ドル、円高↑円安↓)

説の長期的妥当性を示しているのである．

5　資本収支の決定要因

単純化の諸前提　以上でわれわれは経常収支の決定要因を明らかにした．次に資本収支の問題に移ろう．上述したようにここでの資本収支はIMFの新分類のそれである．すなわち，長期および短期の区別なしに中央銀行の外貨準備増減を除いた資本収支の項目をすべて含んでいる．その意味でそれは多様な項目から成立しているが，以下の分析ではそれぞれの国には一種類の有価証券（例えば公債）が存在しているものと仮定する．すでにわれわれは国内利子率についてはそのような単純化の仮定を設定したが，同一のことがそれぞれすべての国についても前提にされるのである．そしてこの有価証券の利回りこそがそれぞれの国の利子率に他ならない．さらにわれわれは特別の理由のない限り，内外の物価水準は固定的に与えられているものと仮定する．従って名目為替レートの変化率は実質為替レートの変化率に等しいものとされるのである．

利子平価説——カバーなし利子裁定の条件　国際間の資本移動につい

第1章　開放体系のマクロ経済学的基礎　　　117

てはこれまで，制約要因のない限り資本は高い利回りを求めて低利回りの国から高利回りの国に流出するという考え方がとられてきた．以下でもわれわれは基本的にこの考え方を採用する．そこでいま，自国資産の利回りを r，外国資産の利回りを r_w で示そう．もし投資家が有価証券の利回りのみに注目するものとすれば，為替レートにして変化がなければ，資本は低利回りの国から高利回りの国に移動するであろう．しかし変動相場制の下では為替レートの変動の可能性を考慮に入れなければならない．そこで現在時点での為替レートを e_t，次期での予想為替レートを $E(e_{t+1})$ で示す．この時，国際間の資本移動に関して均衡が実現しているためには

$$(1+r) = (1+r_w)\left\{\frac{E(e_{t+1})}{e_t}\right\} \tag{1.18}$$

が成立していなければならない．これを「カバーなし利子裁定」uncovered interest parity の方程式という．以下これを説明しよう．

期待為替レートの変化率　　方程式(1.18)の左辺は，例えば1円を国内資産に投資した場合の一期間後の元利合計を示している．これに対して右辺は，1円を現行の為替レート e でドルに変換し（これは $1/e$ となる），それをドル証券に投資した場合の元利合計（それは $(1+r_w)1/e$ となる）を一期後の期待される為替レート $E(e_{t+1})$ で再び円通貨に変換した場合の価値額を示したものである．もし利鞘裁定の余地のなくなった状態を考えると，両者は一致しなければならないであろう．これが(1.18)の示していることである．しかるにこの(1.18)は近似的に次のように展開できる．

$$r = r_w + \left\{\frac{E(e_{t+1})-e_t}{e_t}\right\} \tag{1.19}$$

この方程式の右辺の第二項目は「期待為替レートの変化率」を示すものに他ならない．もし $r=6\%$，$r_w=4\%$ ならば，均衡状態では円通貨はドル通貨に対して2％だけ減価することが予想されていることになるのである．ここで「カバーなし」uncovered というのは為替レートの変化や証券価値額の変化にともなうリスクから投資者は保護されていないということを意味している．

カントリー・リスクの要因 さて，以上では内外資産の価値額の変化に対して無関心な「危険中立的」risk neutral な投資家が前提にされた．しかし現実には内外資産の価値額は変動し，為替レートについての静態的予想（すなわち $E(e_{t+1})=e_t$ のケース）が支配していても内外証券には利子率格差が存在している．カントリー・リスクはそのような利子率格差を説明する重要な要因である．ここで「カントリー・リスク」country risk というのは対外債務に対する負債国がもっている返済能力の程度を示すものであって，例えばGDPに対する対外債務比率・政治の安定度・外貨保有高・国富の規模などを総合して判定されるようなものである．そこで外国資産に比べての国内資産を保有することの危険（負担の報酬率）を R_p で示すならば（それはプラスにもマイナスにもなり得る），同一の利回りに対しできるだけ投資リスクを回避しようとする「危険回避者」risk-averter については，上の(1.19)は次のように書き改められねばならない．

$$r = r_w + \left\{ \frac{E(e_{t+1}) - e_t}{e_t} \right\} + R_p \tag{1.20}$$

カバー付き利子裁定の条件 さて，以上では「カバーなしの利子裁定」の投資家をとりあげた．しかし発達した為替市場では一般に先物市場があり，「先物レート」forward rate が存在している．それは例えば現在の直物レートが1ドル＝100円に対して3か月後のレートが1ドル＝102円というように，将来時点での外国通貨と国内通貨の交換が約束されている為替レートに他ならない．そして先物レートが現時点での直物レートよりも安い場合，自国通貨は外国通貨に対して「ディスカウント」がつき，反対に高い場合には「プレミアム」がついているという．いま，現在時点で成立している次期の先物レートを F_{t+1} で示そう．この時，投資家は，例えば現行の直物レートで1円をドル通貨に変換してそれをドル証券に投資すると，期末には $(1+r_w)(1/e_t)$ ドルの元利合計を受け取るが，それを成立している F_{t+1} で円通貨に変換しておくならば，均衡状態では

$$(1+r) = (1+r_w)\frac{F_{t+1}}{e_t} \tag{1.21}$$

が成立していなければならない．あるいは近似的には

第1章　開放体系のマクロ経済学的基礎　　　　　　　　119

$$r = r_w + \left\{\frac{F_{t+1}-e_t}{e_t}\right\} \quad (1.22)$$

である．この方程式の右辺の第二項は「先物ディスカウント率」または「先物プレミアム率」である．そしてわれわれは(1.21)または(1.22)で示される関係を「カバーつき利子裁定」covered interest arbitrage の方程式とよぶ．

先物レートと期待レート　　いま，(1.20)＝(1.22)とすれば，次式が成立する．

$$F_{t+1} = E(e_{t+1}) + eR_p \quad (1.23)$$

もし投資家が危険中立的であってリスクを考慮しなければ，$R_p=0$ となり，

$$F_{t+1} = E(e_{t+1})$$

が成立する．すなわち，期待為替レートと先物レートとは一致する．しかし $R_p \neq 0$ ならば両者は一致しない．

小国型の完全資本移動のケース　　さて，内外の有価証券のリスク・プレミアムの相違が全く無視できるほどに同質的な場合，そのような国内証券と外国証券とは「完全代替」perfect substitute であるという．しかも内外有価証券の望ましい保有関係がなんらのコストなしに迅速に調整されるならば，国際間の資本移動は「完全」であるといわれる[4]．そこで世界の利子率（これを r_w で示す）に対しては全く影響力をもち得ない国を「小国」small country と名づける．そこで期待為替レートの変化の存在しないケースを考えるならば，資本の流出入のない状態では国内利子率 r は r_w に等しくなっていなければならない．すなわち

$$r = r_w \quad (1.24)$$

---

4)　以下においてわれわれは，資本の移動性の大小関係によって資本収支の分類を行なうが，これは M.ゲルトナーのアプローチ（[3]）に従っている．須田氏は，文献（[13]，p. 156）において資本収支を

$$K = k\{\text{自国利子}-\text{外国利子}\}$$

によって定式化している．ここで k はプラスのパラメーターであって，$k=\infty$ ならば資本移動は完全，$\infty > k > 0$ ならば資本移動は不完全と規定されている．本質においてわれわれのアプローチは須田氏のものと同一である．

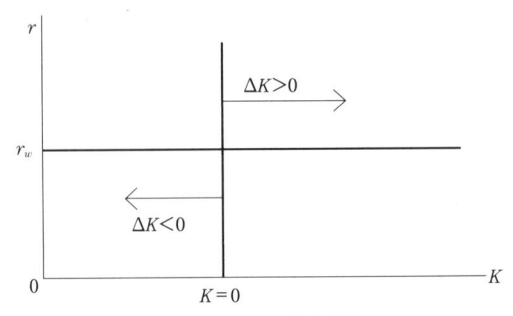

第3図　小国型の完全資本移動のケース

である．なぜならば，もし $r > r_w$ ならばいくらでも外国から資本が流入し，反対に $r_w > r$ ならば国内資本は流出し続けるからである．第3図はそのようなあり得べき状態を示したものである．この図で K は資本収支の大きさを示す．簡単のために出発時点で $K = 0$ であったとする．この時もし r が所与の r_w よりも高ければ K は右方への矢印に従って増大し続け，反対に r が r_w よりも低ければ K は外国に流出し続ける．前者の場合には K の増大によって国内利子率はやがて低下し，後者の場合には上昇して，r は遂には r_w に一致するように変化する．

資本移動不在のケース　以上の完全な資本移動のケースと対比されるのは，例えば法律によって海外との資本取引が禁止されているような，資本移動不在のケースである．再び簡単のために $K = 0$ の状態を考えると第4図の縦軸に平行な垂直線がそのようなケースを示している．この場合には外国利子率に対して国内利子率がどのように変化しても資本移動は生ぜず，内外証券には代替関係は存在しない．以下でわれわれは資本移動不在

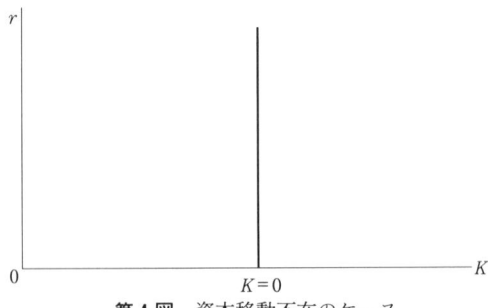

第4図　資本移動不在のケース

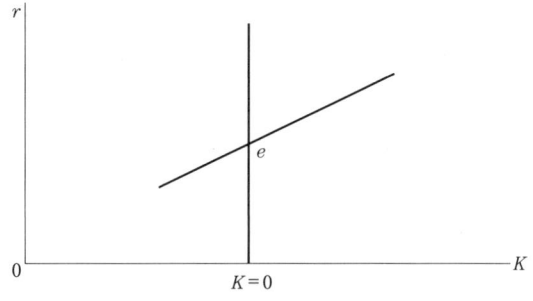

第1章 開放体系のマクロ経済学的基礎

第5図 大国型の中間的資本移動のケース

のこのようなケースもあり得べき一つのケースとして考察する．

大国型の中間的資本移動のケース さて，資本移動が完全なるケースについてわれわれは，内外の有価証券は同質的でかつ望ましい有価証券の保有構成が迅速に行なわれることを前提にした．しかし現実には内外証券の代替は完全ではなく，特に外国証券についての情報は国内証券と比べて不完全である．さらに望ましい資産構成の実現までの調整時間も無視できない．しかも上述の R_p の存在を考慮すれば，正常な場合でも国際間の利子率格差は存在する．そこでいま，アメリカ合衆国のようにその資本収支の動向が世界の利子率の水準に影響を与えるような国を「大国」 large country とよぼう．もし大国が外国利子率に対して相対的に国内利子率を引き上げるならば，それによってその国への新たな資本流入が促進されるが（あるいは資本流入が抑制されるが），小国の場合と異なってそれはやがて世界利子率を引き上げてそれ以上の資本流入はストップするようになる．従ってさらに多くの外国資本を入手するためには，その大国では国内利子率の逐次的引き上げが必要となるであろう．第5図は最初に経済が e 点であって外国利子率が与えられたものとした上で，そのような大国が利子率を引き上げて資本輸入を意図したケースを図示したものである．そしてわれわれは第1図の小国型の完全資本移動に対してこれを「大国型の中間的資本移動のケース」あるいは簡単に「中間的資本移動のケース」と名づける．

資本収支の利子弾力性 以上でわれわれはあり得べき資本移動の三つ

のケースを区分した．そこでこれらを一つの共通の尺度で計測するために，その時々の外国の利子率を所与として，資本収支 K を r の非減少関数と考える．そしてそれを簡単に

$$K = K(\underset{\oplus}{r}) \tag{1.25}$$

で示す．そこで K と r との間に存在する関係を弾力性の形で

$$\frac{dK}{dr} \div \frac{K}{r} \equiv \delta \tag{1.26}$$

で示し，これを「資本収支の利子弾力性」あるいは「資本流出入の利子感応度」と名づけよう．この時，われわれは δ の値をとり得る範囲を

$$\infty \geqq \delta \geqq 0 \tag{1.27}$$

によって示すことができる（[7] p.229）．この中，$\delta=\infty$ となるのは資本移動が完全な場合であって，第3図の横軸に平行な直線のケースに対応する．これに対して $\delta=0$ は第4図の資本移動不在のケースである．そして δ が有限のプラスであるのは第5図の大国型の中間的資本移動のケースに対応しているのである．

第2章

開放体系下でのケインズ体系

────────

1 国際収支均衡の条件

国際収支関数　さて，上述したように「国際収支」balance of payment は経常収支 B と資本収支 K の合計である．われわれはその頭文字をとって簡単にそれを BP の記号で示す．従って

$$BP = B(\underset{\ominus}{Y}, \underset{\oplus}{\pi}) + K(\underset{\oplus}{r}) \equiv BP(\underset{\ominus}{Y}, \underset{\oplus}{\pi}, \underset{\oplus}{r}) \qquad (2.1)$$

が成立する．但し，ここで外国の実質所得 Z は外生的与件として取り扱われ，記述の簡単化のためにそれは関数型の中には表示されないこととする．そしてわれわれは(2.1)で示される BP 関数を「国際収支関数」と名づける．

国際収支の均衡条件(1)　以下で考察するのは国際収支が均衡している $BP=0$ の場合である．第6図はその際の小国型の完全資本移動のあり得べきケースを示したものである．但し第3図と異なってこの図では横軸には国民所得 Y が測定されていることに留意すべきである．いま，所与の Y および π の下でこの国の r が外国利子率 r_w よりも高い水準におかれたとする．この時，外国から資本が流入して資本収支は黒字となり，$r>r_w$ である限りその黒字は累積して全体の国際収支もプラスとなるであろう．従って国際収支の均衡 $BP=0$ が成立しているためには Y は増大し，結局，r は r_w に等しくなっていなければならない．適当な修正を加えると $r_w>r$ の場合には海外への国内資本の流出が続き，同様に $BP=0$ が成立するためには $r=r_w$ でなければならないことも明白である．

国際収支の均衡条件(2)　これに対して第7図は資本移動不在のケース

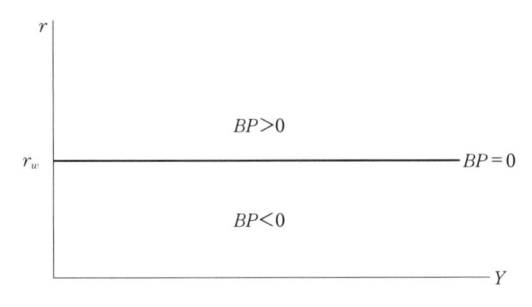

第6図 小国型の完全資本移動のケース

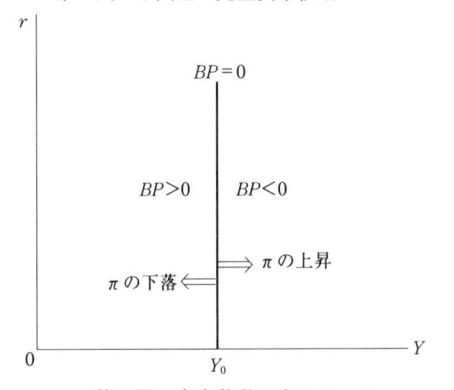

第7図 資本移動不在のケース

を示したものである．簡単化のために経済は $K=0$ の状態にあったとしよう．この時，$BP=0$ であるためには

$$BP = B(\underset{\ominus}{Y}, \underset{\oplus}{\pi}) = 0 \qquad (2.2)$$

が成立していなければならないであろう．もし π を π_0 の水準で所与とするならば，Y の水準はユニークに決まる．それを Y_0 で示す．第7図の $BP=0$ の直線はそれが利子率から独立に Y_0 の水準に立てた垂直線で示されることを示している．容易に知られるように，この垂直線の右側では $BP<0$，その左側では $BP>0$ である．さらにまた，π の上昇（または下落）とともにこの垂直線が右方（または左方）にシフトすることを見るのも容易である．

国際収支の均衡条件(3)　　最後に大国型の中間的資本移動のケースが残っている．第8図はそれを示したものである．この場合には $BP=0$ の国

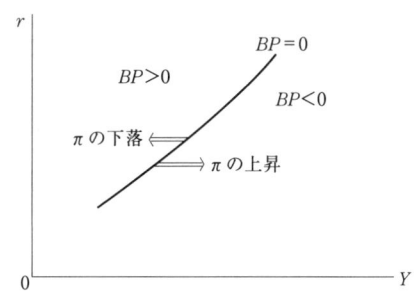

第 8 図 大国型の中間的資本移動のケース

際収支均衡の曲線は所与の π の下で図のようなプラスの傾斜をもった一本の曲線で示すことができる．そして経済がこの曲線よりも上方に位置していれば $BP>0$，その下方にあれば $BP<0$ となる．さらに π が上昇（または下落）するならばこの曲線が全体として右方にシフト（または左方にシフト）することをみるのも容易であろう．

2 マンデル＝フレーミング・モデル

マンデル＝フレーミング・モデル さて，われわれは最初に，$I=S$ 曲線および $L=M$ 曲線の共通モデルから出発し，固定価格法に立脚したケインズ体系を，外生的貨幣供給論と内生的貨幣供給論の二つのタイプに分類した．以下で取り扱うのは前者の外生的貨幣供給論のケインズ体系である[5]．そしてわれわれはそれに上述の経常収支および資本収支の要因を導入して，開放体系の下でのケインズ体系を考察する．それはほぼ時を同じくして二人の経済学者 R.マンデルおよび J.フレーミングによってそれぞれ独立に発表された経済モデルである（[2] および [6]）．そして今日ではそのモデルの類似性によってマンデル＝フレーミング（以下では MF と略称）・モデルとよばれているのである．

MF モデルの方程式体系 MF モデルは簡単に次の方程式体系によっ

---

[5] 上で指摘したように（第Ⅰ篇1章2節），ケインズは貨幣供給量を所与とするケースに注目した（[4]，p.245）．

て提示することができる．

$$Y = C(\underset{\oplus}{Y}) + I(\underset{\ominus}{r}) + G + B(\underset{\ominus}{Y}, \underset{\oplus}{\pi}) \quad (2.1)$$

$$M = L(\underset{\oplus}{Y}, \underset{\ominus}{r}) \quad (2.2)$$

$$BP = BP(\underset{\ominus}{Y}, \underset{\oplus}{r}, \underset{\ominus}{\pi}) = 0 \quad (2.3)$$

再度これらの変数の意味を確認するならば，Y＝実質国内総生産，C＝民間消費，I＝民間投資，G＝政府購入，B＝経常収支，M＝貨幣供給量，L＝貨幣需要量，BP＝国際収支（経常収支＋資本収支），r＝利子率，π＝実質為替レートである．もちろん，われわれは固定価格法に立脚しており，物価水準は一定である（簡単化のために $P=1$ としている）．

I＝S 曲線　さて，上の(2.1)は開放体系の下での生産物市場の需給均衡の状態を示したものである．政府部門を含む目下のモデルでは，本来的には C は可処分所得の関数とすべきである．そこで T＝政府の純収入とすれば，消費支出は

$$C = C(\underset{\oplus}{Y-T})$$

と書かれるであろう．しかるに T が Y に依存しかつ限界租税性向が 1 より小さいとすれば，消費関数は結局には

$$C = C(Y - T(\underset{\oplus}{Y})) = C(\underset{\oplus}{Y})$$

となって Y の増加関数となりかつ限界消費性向は 1 よりも小となる．そこで改めて民間貯蓄を S で示すと

$$Y - C = S + T$$

から(2.1)は

$$I(\underset{\ominus}{r}) + G + B(\underset{\ominus}{Y}, \underset{\oplus}{\pi}) = S(\underset{\oplus}{Y}) + T(\underset{\oplus}{Y}) \quad (2.4)$$

と書き改められる．以下においてわれわれは，混乱の生じない限りこの(2.4)を $I=S$ 曲線（あるいは IS 曲線）と略称する．

I＝S 曲線の図表　第 9 図は所与の G および π の下における(2.1)の Y と r との関係を図示したものである．B の項目を導入しても，それが存在しなかった封鎖体系のケインズの場合と同じように，$I=S$ 曲線がこのように右下がりとなり，その上方では $S>I$，その下方では $I>S$ とな

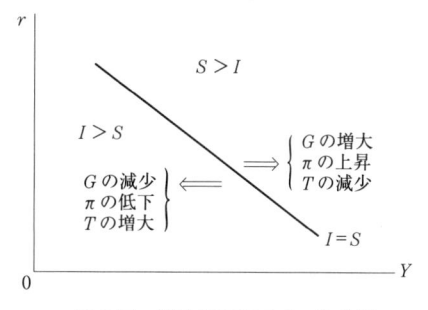

第9図　開放体系下の $I=S$ 曲線

ることを見るのは容易である。また、この $I=S$ 曲線が G の増大・π の上昇・T の引き下げとともに上方にシフトし、反対に G の減少・π の下落・T の引き上げとともに下方にシフトすることを見るのも容易であろう。

L＝M 曲線　第二番目の (2.2) は貨幣市場の需給均衡の方程式を示したものであって、開放体系にモデルを拡張しても新たに付加さるべき変更はない。外生的貨幣供給のケインズ体系では M は政策的考慮によって決定される所与のパラメーターである。「流動性の罠」に陥った extreme Keynesian の場合には $L=M$ 曲線は横軸に平行であり、遊休貨幣の非存在を前提にする extreme Monetarist の場合には $L=M$ 曲線は縦軸に平行である。第10図の右上がりの $L=M$ 曲線はその中間的ケースを示している。

BP＝0 曲線と L＝M 曲線の関係　上述したように第10図の右上がりの $BP=0$ 曲線は大国型の資本移動のあり得べきケース(すなわち第8図)を示したものである。ここでわれわれは $L=M$ 曲線と $BP=0$ 曲線との関係に関して①と②の二つを区別しなければならない[6]。①のケースは $L=M$ 曲線と $BP=0$ 曲線との交点 a において $BP=0$ の曲線の傾斜が $L=M$ 曲線の傾斜よりも小さい場合を示している。われわれはこのケースを、国内

---

[6]　資本移動のあり得べきケースをさらに $L=M$ 曲線と $BP=0$ 曲線の傾斜の大小関係によって分類しているのは M. ゲルトナー ([5]) である。われわれの分析もゲルトナーの方式に従っている。

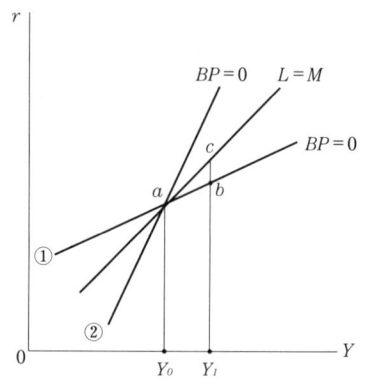

第10図　資本移動の相対的「迅速性」

における貨幣の需給均衡（すなわち $L=M$）の条件の成立に対して相対的に国際収支の均衡が実現するための資本移動が「迅速」であると言い、これに対して②のケースを相対的に国際資本移動が「緩慢」であると言う。①のケースについて説明しよう。いま経済が a 点にあり、Y が Y_0 から Y_1 に増大したとする。所与の実質為替レートの下で輸入が増大し、BP はマイナスとなる。従って $BP=0$ が成立するためには r が上昇して外国からの資本流入は増大しなければならない。図の b 点がそれである。他方、Y の増大によって国内での活動貨幣に対する必要量は増大するが、それは所与の M の下では利子率の上昇を通じて遊休貨幣から活動貨幣への移転によって可能となる。図の c 点がそれである。しかるに図では c 点は b 点の上方にある。このことは $BP=0$ を実現させるための r の上昇が国内での貨幣の需給均衡の実現に必要とする r の上昇よりも低くてすむこと、もし経済が c 点に達すれば $BP>0$ となること、そしてこのことが利子率の変動に対する資本移動の程度が $L=M$ 曲線に対して相対的に「迅速」であることを意味しているのである。これが①のケースの含意である。適当な修正を加えれば、②のケースを相対的に資本移動が「緩慢」であるとよぶことができる。

現実経済との対応　しからば現実の経済では①と②のいずれが現実的なのであろうか。この設問に対してはしかしながらわれわれはア・プリオリイな回答を与えることはできない[7]。もし経済が「流動性の罠」にあ

り $L=M$ 曲線が横軸に平行ならば,経済は②の状況によって記述できる.これはケインズ経済学に馴染み深いケースである.これに対して遊休貨幣の存在しない古典的貨幣数量説が妥当する場合,すなわち $L=M$ 曲線が縦軸に平行な場合,あるいは小国型でみられるように $BP=0$ 曲線が横軸に平行な場合には経済は①の状況によって記述でき,従って資本の流出入は迅速であると記述することができるのである.かくして以下の分析でわれわれは,あり得る二つのケースを考慮しながら分析を進めなければならないのである.

---

7) H.R.ベイン等は
「実際には,資本移動に対する利子率の弾力性よりも貨幣需要の利子弾力性の方が大きいので,LM 曲線は BP 曲線よりの傾斜が大であるようである.この見解は利用可能な経験的証拠によって持されるように見える」([10], p.32)
と結論しているが,この立言の経験的基礎は薄弱である.

第3章
固定相場制の下での巨視的経済政策論

1　固定相場制における金融政策の有効性

相対価格一定性の仮定　われわれが最初に考察するのは，固定相場制の下での金融政策の効果を分析することである．以下でわれわれは，単に名目為替レートのみならず実質為替レートも一定である場合を取り扱う．すでにわれわれは，金本位制の場合には名目為替レートが一定であっても自国と相手国との相対価格が変化すれば「実質為替レート」が変化し，そのことを通じて貿易収支の均衡の実現し得ることを「ヒューム・メカニズム」によって明らかにした．しかし本章でわれわれは，ケインズの前提に従って固定価格法に依拠している．そこでわれわれはこの仮定を強め，貿易相手国の価格水準も固定しており，名目為替レートだけではなく実質為替レートも一定に与えられている場合を前提にして分析を進めるのである．

金融政策の従属性　まず結論を先に言えば，固定相場制の下では貨幣当局は為替レートを一定に維持するという制約条件に縛られており，金融政策は為替相場維持に対して従属的であって独立性をもたない，ということである．具体的に言えば，例えば BP がマイナスになるような事態が生じたとする．自由変動相場制であれば為替レートの減価が生じる．しかし為替レートを一定に維持しなければならないために貨幣当局者は，手持ちの外貨を放出して自国通貨を吸収し，BP がプラスの場合には反対の行動をとらなければならないのである．このことは金融政策の独立性を放棄することに等しい．そこでまず，これを小国型の完全資本移動の場合について考察しよう．

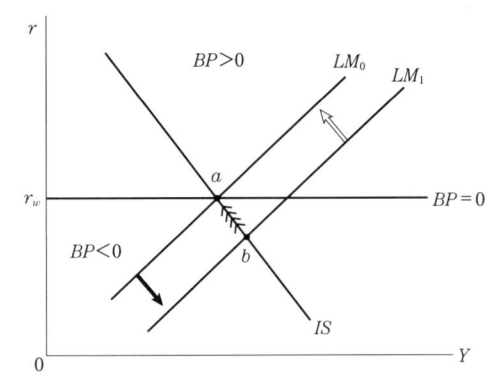

第11図　完全資本移動のケース

小国型の完全資本移動のケース　　第11図は完全資本移動のケースを図示したものである．既述のごとく r_w は所与とされる外国利子率であって，$BP=0$ の国際収支の均衡を示す曲線は r_w の水準での横軸に平行な直線である．いま，経済が最初に a 点にあったとする．この時には生産物市場および貨幣市場はともに需給均衡の下にあり，国際収支も均衡している．しかるに政府が，例えば国民所得の増大を意図して貨幣供給量を M_0 から M_1 に増大させ，LM 曲線を LM_0 から LM_1 にシフトさせたとする．黒い矢印の動きがそのことを示している．この時，国内均衡の状態は a 点から b 点にシフトする．しかるに b 点では，一方では Y の増加によって経常収支 B は悪化し，他方では r の低下によって資本収支 K も悪化する．すなわち BP はマイナスとなる．自由変動相場制ではそれは為替レートの減価を導く．しかし固定相場制では貨幣当局は，為替レートの減価を抑えるために保有する外国通貨を放出しなければならない．そして外貨の放出によって国内のハイパワード・マネーの一部は貨幣当局の手許に環流し，それによって貨幣供給量は収縮する．図の LM_1 曲線から LM_0 曲線に向けての白抜きの矢印の運動はそのことを示している．そしてそのようなプロセスは結局には b 点から a 点に立ち戻るまで継続し，かくして経済はスタートした昔の状態に収束するのである．かくして以上のことから，完全資本移動の固定相場制の下では，所得増大策としての金融政策は結局には有効性をもたない，と結論されるのである．

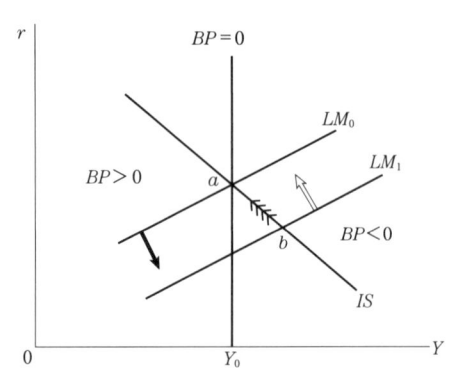

第12図　金融緩和の効果——資本移動不在のケース

資本移動不在のケース　次に資本移動不在のケースを検討しよう．第12図がそれである．資本移動不在の場合は上述したように $BP=0$ は垂直線によって示され，その右側では BP はマイナス，その左側では BP はプラスである．そこで最初に経済が a 点にあったとする．第11図の場合と同様に財貨市場および貨幣市場はともに需要と供給は均衡し，国際収支も均衡している．しかるに貨幣供給量を増大させて図に示されるように LM 曲線を LM_0 から LM_1 にシフトさせるならば，経済は b 点に移行する．しかるに Y の増大による経常収支の悪化によって BP はマイナスとなる．かくして貨幣当局は現行の為替レートを維持するために手持ちの外貨を放出し，それとともに M の収縮を図らなければならない．それ以降に続くプロセスは第11図の場合と同様である．そして経済は元の a 点に立ち戻るのである．かくして以上のことから，資本移動不在の固定レートの場合にも所得増大策としての金融政策は有効性をもち得ない，と結論されるのである．

中間的資本移動のケース　以上でわれわれは資本移動の二つの極限的なケースを論じた．大国型の中間的資本移動のケースが残っている．これについてわれわれは資本移動の「迅速性」によって二つのケースを区分した．第13図における Ⓐ は資本移動が「迅速」な場合，Ⓑ は資本移動が「緩慢」な場合を図示したものである．しかし得られる結論は上述の二つの極限的な場合におけるのと全く同一である．すなわち，所得増大のため

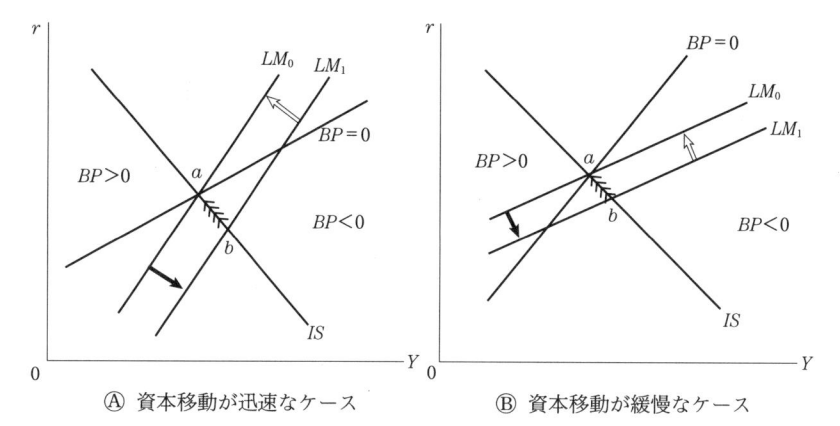

Ⓐ 資本移動が迅速なケース　　　　Ⓑ 資本移動が緩慢なケース

第13図　金融緩和の効果——中間的資本移動の二つのケース

の金融政策は有効性をもち得ないのである．ここでは図を提示するだけで充分である．

結語的要約　　以上の分析の結果を命題の形で要約するならば，次のごとくである．

命題 (1)

「固定相場制においては，所得増大策としての金融政策は資本移動のタイプのいかんにかかわらず有効性をもっていない」（[1] p.218）．

2　固定相場制における財政政策の有効性

財政政策の有効性——完全資本移動のケース　　次にわれわれが考察するのは固定相場制の下における拡張的財政政策の有効性である．そこでまず小国型の完全資本移動のケースから始めよう．第14図がそのケースを示している．この図において最初に経済が a 点にあったとする．そこでいま政府が政府購入 G を引き上げ IS 曲線を IS_0 から上方の IS_1 にシフトさせるとしよう．経済は a 点から b 点に移動する．明白なように a 点に比べて b 点では Y および r はともに増大しているから，一方では経常収支の悪化，他方では資本収支の良化が生じる．しかるに目下の完全資本移動の場合には資本移動のプラスの効果の方が経常収支のマイナスの効果を凌

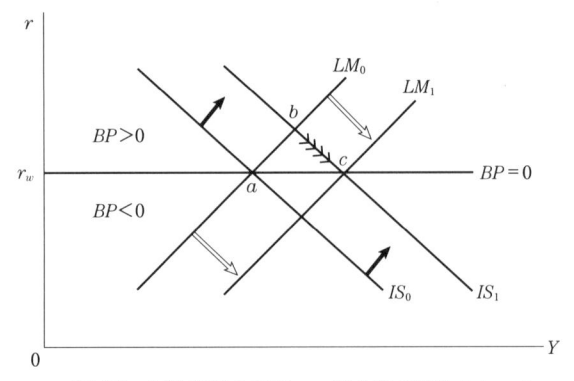

第14図 財政拡張の効果——完全資本移動のケース

駕し，国際収支 BP はプラスとなる．かくして外貨の超過供給が生じる．そこで固定為替レートを維持する目的で貨幣当局は，過剰な外貨を吸収するためにそれをハイパワード・マネーの発行によって対処する．もしそれに対して例えば国債発行によってハイパワード・マネーを吸収しようとする貨幣に対する「不胎化政策」sterilization policy がとられない限り増大したハイパワード・マネーは貨幣乗数のプロセスを通じて貨幣供給量を増加させる．かくして LM 曲線は白抜きの矢印が示すように右方にシフトし，経済は b 点から c 点に向かい，c 点においてその運動はストップする．c 点では生産物市場・貨幣市場はともに需給均衡であり，BP も均衡している．かくして国民所得は，単に G の増加による拡張効果だけではなく，固定為替レートを維持するための M の増大による拡張効果によっても増大し，財政拡張の国民所得に及ぼす効果は極めて大きいと結論される．

資本移動不在のケース　　次にわれわれが考察するのは資本移動不在のケースである．結論を言えば，この場合には財政拡張の効果は否定的である．第15図がこのことを示している．この国において最初に経済が a 点におかれていたとする．政府購入 G の増大により経済は a 点から b 点にシフトする．b 点では Y の増大によって経常収支は悪化するが，資本移動不在のために r の上昇にもかかわらず資本収支への効果は遮断される．しかし経常収支の悪化によって外貨の不足，従って為替レートの減価の傾向が生じる．かくして貨幣当局は保有外貨を放出し，それとともにハイパ

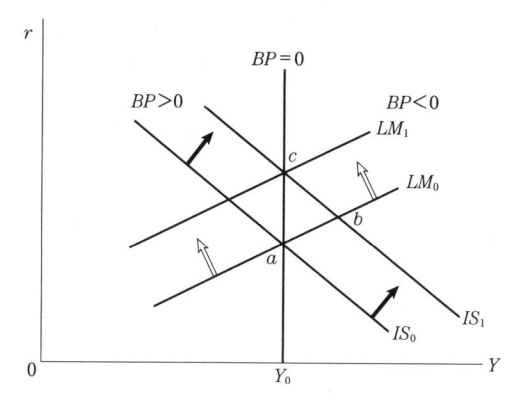

第15図 財政拡張の効果──資本移動不在のケース

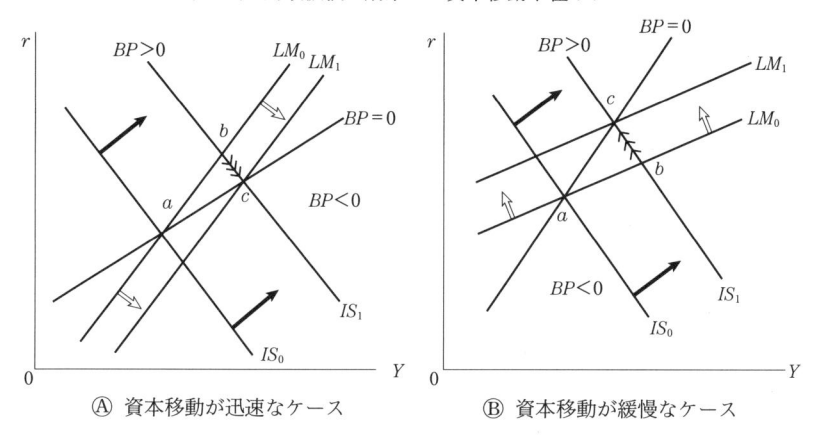

Ⓐ 資本移動が迅速なケース　　　　Ⓑ 資本移動が緩慢なケース

第16図 財政拡張の効果──中間的資本移動の二つのケース

ワード・マネーを収縮させ，経済を c 点に向かわせなければならない．かくしてこの場合には財政拡張による国民所得への拡張効果は貨幣供給量の収縮によって相殺されるのである．

中間的資本移動のケース　　以上で固定為替レートの下での財政拡張の効果が二つの極限ケースについて分析された．残っているのは大国型の中間的資本移動のケースである．上述したようにこの場合においても，資本移動の迅速性のいかんによって二つのケースを分類しなければならない．この中，第16図の Ⓐ は資本移動が「迅速」なケース，Ⓑ は「緩慢」なケースを図示したものである．一見して明らかなように拡張的財政支出は資

本移動の迅速性のいかんにかかわらず国民所得に対して有効である．しかしながらその効果はⒶの方が大である．なぜならば，固定的為替レートの水準を維持するためにⒶではMの若干の拡張，ⒷではMの若干の収縮が必要とされるからである．

結語的要約　以上で固定的為替レートの下での財政拡張が国民所得に及ぼす効果の輪郭が明らかにされた．それを要約すればわれわれは次のような命題を提出することができる．

命題 (2)

「固定相場制の下では資本移動不在の場合には財政支出の拡張効果は存在しない．これに対して完全資本移動の場合にはその効果は顕著であり，その程度において劣るが中間的資本移動の場合にも拡張効果が存在する．しかしその場合，資本移動が相対的に迅速な経済の方が緩慢な経済に比べてその拡張効果は大である」．

3　固定為替レートと国際流動性

国際流動性　以上でわれわれは固定相場制の下における金融政策と財政政策の有効性について考察した．ところで，固定相場制では現行の為替レートを維持するために貨幣当局は，BPが黒字の場合には過剰となった外貨をハイパワード・マネーを供給して吸収し，反対に赤字の場合には保有している外貨を放出してハイパワード・マネーを吸収しなければならない．そこで対外支払のために必要とされる国際通貨（金・交換可能通貨・IMF特別引出権・リザーブトランシュなど）の準備額を「国際流動性」international liquidity とよべば，固定相場制を維持するためには各国はその貿易取引額に対応して適当な規模の国際流動性を保有しておかねばならないのである．

国際流動性のジレンマ　しからば固定為替レートを維持するに足る外貨保有高の規模はいかなる大きさであろうか．この設問に対して確定的な回答を与えることは困難であるが，一般的に言えば，世界貿易の規模の拡

第3章　固定相場制の下での巨視的経済政策論　　　137

大に応じて国際流動性の規模も大きくならなければならないと言うべきである．現時点で準備通貨の中心はドル紙幣である．従って国際流動性を増大させるためにアメリカは，その国際収支を赤字にしてドル紙幣を不断に世界に供給しなければならない．しかしアメリカが国際収支の赤字を累積してゆけば，世界通貨として基軸となるドル紙幣への信認は次第に失われることとなる．しかもアメリカの国際収支の赤字が継続するならば，外国人が保有するドル保有高はアメリカが保有する金保有高よりも大となり，戦後のブレトン・ウッズ協定の基礎となったIMFの「金・ドル本位制」は崩壊することとなるのである．そしてこれこそがR.トリッフィンのいわゆる「国際流動性のジレンマ」に他ならない（［9］）．1971年8月におけるドルと金の交換性の停止（いわゆるニクソン・ショック）はこのようなジレンマを示す象徴的事件であった．

SDR　　国際収支の危機の際には，予め決められているIMFへの拠出金の割当額の200％までを上限として各国はIMFから資金を借り入れることのできるIMF借款の制度が存在していたが，1969年からはドルに代わる国際通貨SDR（special drawing right, 特別引出金）制度がスタートし，国際流動性のジレンマの解決に向けて本格的な活動が開始された．これはそれぞれの国に配分されたSDRを対価として各国が他の参加国から必要通貨を引き出すことのできる権利を意味し，これによって国際流動性の拡大が可能となったのである．さらに1975年にはこれまで金の一定量と結び付いていた国際通貨を金の束縛から解放し，SDRの価値を安定させるために，アメリカ・ドイツ・日本・フランス・イギリスの5か国の通貨を基準にしたバスケット方式によるSDR相場を決定することにした．

変動相場制と国際流動性　　さて，われわれは上で，これまでのブレトン・ウッズ体制が崩壊して1973年以降の現在の自由変動相場制への移行過程について瞥見した（第III篇1章2節）．自由変動相場制のメリットは，固定相場制とは異なって，世界経済の生産活動が国際流動性（それは時には金であり，時にはドル紙幣であり，時にはSDRである）には束縛されないという点に存在する．実際，各国は完全雇用を実現するように自由に

自国の貨幣供給量を調整し，国際収支の不均衡はこれを自由な為替市場の需給調整機構に委ねることができるのである．もちろん，現実にはJカーブ効果や為替市場における各種の投機的行動の結果，しばしば国際収支は変動にさらされることがある．そしてここに完全な自由変動相場制ではなく，統制された変動相場制の必要性が生じるのである．

第4章

変動相場制の下での巨視的経済政策論

---

1 変動相場制の下でのケインズ均衡体系の安定性

変動相場制の下でのケインズの均衡体系 前章でわれわれは固定相場制の下におけるケインズの開放体系をとりあげ，金融政策と財政政策の有効性について分析した．本章の課題は，固定価格法に立脚するケインズの開放体系，すなわちマンデル＝フレーミング・モデルの下における金融政策と財政政策の有効性を変動相場制を前提にして分析することである．そこで再び考察さるべきケインズの均衡体系を方程式の形で提示するならば，以下のごとくである．

$$I(\underset{\ominus}{r}) + G + B(\underset{\ominus}{Y}, \underset{\oplus}{\pi}) = S(\underset{\oplus}{Y}) + T(\underset{\oplus}{Y}) \qquad (4.1)$$

$$M = L(\underset{\oplus}{Y}, \underset{\ominus}{r}) \qquad (4.2)$$

$$BP = B(\underset{\ominus}{Y}, \underset{\oplus}{\pi}) + K(\underset{\oplus}{r}) = BP(\underset{\ominus}{Y}, \underset{\oplus}{r}, \underset{\oplus}{\pi}) = 0 \qquad (4.3)$$

もちろん，これは固定相場制の下で提出された方程式体系と全く同一である．以下では混乱の生じない限り $\{S+T\}$ を単に S で示す．そこでいま G および M を外生変数とするならば，ここには Y, r, π の三個の変数に対して三個の方程式が存在することになり，われわれは均衡状態の下におけるこれら所与の外生変数の下での三個の変数を決定することができるのである．前章の分析と同様に本章の課題は，変動相場制の下で G および M が変化した時にそれによって Y, r, π の均衡水準がどのような影響をうけるかを明らかにすることである．しかし先に進む前にわれわれは，均衡体系の動学的安定性について検討しておかなければならない．

ケインズ派動学体系 結論から先に言えば，上述の(4.1)，(4.2)，(4.3)で示されるケインズの均衡体系は，ケインズ学派的調整機構を前提

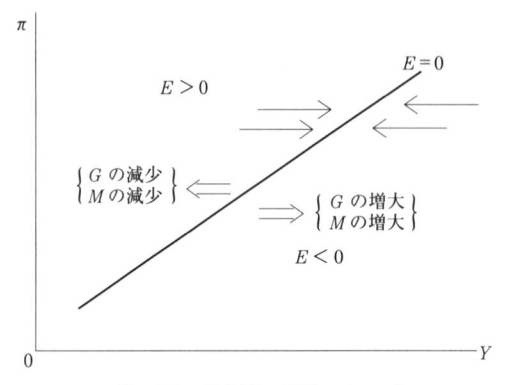

第17図 産出量の調整メカニズム

にするならば動学的に安定であるという事である．このことを示すために以下では，財貨市場に比べて貨幣市場の不均衡の調整は早急に行なわれ，従って貨幣市場では常に $L=M$ の需給均衡が成立しているものと前提する．この時，われわれは次の動学方程式を提出することができる．

$$\frac{dY}{dt} = \alpha\{I(r(\underset{\ominus}{M},\underset{\ominus}{Y})) + G + B(\underset{\ominus}{Y},\underset{\oplus}{\pi}) - S(\underset{\oplus}{Y})\} \quad (4.4)$$

$$\frac{d\pi}{dt} = \beta\{0 - BP(\underset{\ominus}{Y},\underset{\oplus}{\pi},r(\underset{\ominus}{M},\underset{\oplus}{Y}))\} \quad (4.5)$$

以下，この二つの方程式を解説し，その動学的安定性について吟味しよう．

超過需要関数　まず，(4.4) の方程式から始めよう．ここで右辺の括弧 { } の中を

$$I(r(\underset{\ominus}{M},\underset{\ominus}{Y})) + G + B(\underset{\ominus}{Y},\underset{\oplus}{\pi}) - S(\underset{\oplus}{Y}) \equiv E \quad (4.6)$$

で示すと，E は経済全体の超過需要または超過供給を示す変数となる．その符号条件から明白なように E は $Y\cdot G\cdot M\cdot \pi$ に依存する関数であって，

$$E = E(\underset{\ominus}{Y},\underset{\oplus}{G},\underset{\oplus}{M},\underset{\oplus}{\pi})$$

である．第17図の右上がりの曲線は，G および M を外生変数とおいた場合の Y と π との関係を図示したものである．もし経済が $E=0$ の曲線上にあれば，生産物市場は需給均衡であり，それよりも上方ではプラスの超過需要（すなわち $E>0$），その下方ではマイナスの超過需要（すなわち $E<0$）である．さらにまた，G および M が増大するならば $E=0$ の曲線

第4章　変動相場制の下での巨視的経済政策論　　141

は全体として右方にシフトし，G および M が減少するならばそれが左方にシフトすることを見るのも容易であろう。問題は経済が $E=0$ から離れた不均衡状態におかれた場合にいかなる運動が生じるかである。この設問に対してわれわれはすでに封鎖経済について，$I>S$ ならば Y の増大，$S>I$ ならば Y の減少の生じることを知っている。有効需要の原理に立脚したこのケインズ的調整メカニズムは，そのまま開放体系にも適用することができる。すなわち，$E>0$ ならば Y の増大，$E<0$ ならば Y の減少が生じるのである。第17図の $E=0$ 曲線に向けての平行の矢印はまさにこのことを示している。もちろん，(4.4)における α はプラスのパラメーターである。

国際収支関数　　次に(4.5)は，BP がプラスならば為替レートの減価（すなわち π の低下），反対に BP がマイナスならば π の上昇が生ずることを示している。問題は BP 関数の性質である。BP は経常収支 B と資本収支 K とを加算したものである。従ってそれは

$$BP = B(\underset{\oplus}{Y}, \underset{\ominus}{\pi}) + K(r(M, Y)) = BP(\underset{\oplus}{Y}, \underset{\ominus}{\pi}, \underset{\oplus}{M})$$

となる。ここで BP の π および M への依存の仕方は明白であって，解説を必要としない。問題は BP と Y との関係である。

国民所得と BP の関係　　結論から先に言えば，この場合には資本移動の迅速性のいかんによって異なる結論が得られるということである。われわれは先に，$BP=0$ 曲線と $L=M$ 曲線の傾斜の大小関係から，$BP=0$ 曲線の傾斜の方が大なる場合を資本移動が相対的に「迅速」であり，反対に $L=M$ 曲線の傾斜が大なる場合には資本移動は相対的に「緩慢」であると定義した（第Ⅲ篇2章2節）。第18図の Ⓐ は資本移動が迅速なケース，Ⓑ は資本移動が緩慢なケースを再掲したものである。そこで両図表において経済が最初に a 点におかれていたとする。その時の所得水準は Y_0 である。いま，所与の貨幣供給量と所与の実質為替レートの下で国民所得を Y_0 から Y_1 に増大させ，$L=M$ 曲線上の Y_1 に対応する点を b とする。この時，もし資本移動が相対的に迅速であれば Ⓐ 図によって BP はプラスとなり，BP と Y の関係は

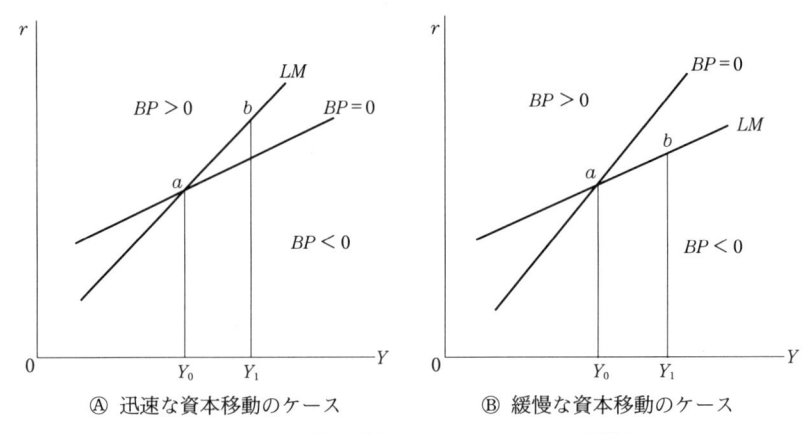

Ⓐ 迅速な資本移動のケース　　　　Ⓑ 緩慢な資本移動のケース

第18図　国際収支関数における BP と Y の関係

$$BP = BP(Y, \pi, M)$$
$$\quad\quad\quad\oplus\ \oplus\ \ominus$$

によって示されることとなる．これに対して資本移動が相対的に緩慢であれば Ⓑ 図によって BP と Y の関係は

$$BP = BP(Y, \pi, M)$$
$$\quad\quad\quad\ominus\ \oplus\ \ominus$$

となるのである[8]．

資本移動が迅速な経済の動学的安定性　　まず資本移動が相対的に迅速なケースについて考察しよう．第19図がその関係を示している．いま，$BP=0$ の状況に注目するならば

$$BP(Y, \pi, M) = 0 \qquad (4.7)$$
$$\quad\ \ \oplus\ \oplus\ \ominus$$

である．容易に知られるようにこれは所与の M の下で Y と π とが逆の関係にあることを示している．第19図の右下がりの曲線がそれである．そしてこの曲線の上方では $BP>0$，その下方では $BP<0$ である．自由変動相場制では BP がプラスならば π の下落，BP がマイナスならば π の上昇がスタートする．図の垂直の矢印がそのことを示している．他方，われわれは先に第17図によって水平の矢印によって産出量調整のメカニズムを図示

---

8) $BP=0$ 曲線の傾きについて，須田氏は次のように述べている．
　「この傾きは資本移動の程度でプラスにもマイナスにもなり，資本移動がないときにはプラスの傾きをもっているが，資本蓄積が高まるにつれてプラスからマイナスに変わり，完全資本移動の場合には垂直となる」（[13], p.158）．

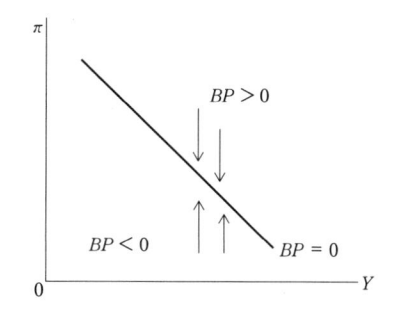

第19図 為替レートの調整——迅速な資本移動の経済

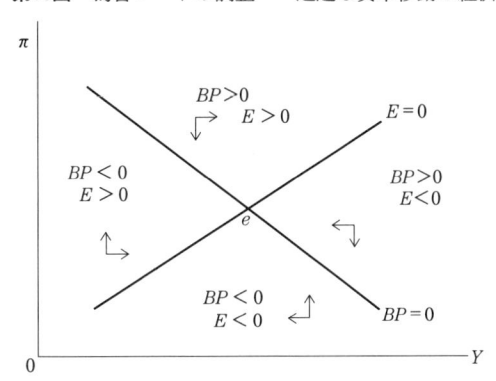

第20図 迅速な資本移動の経済の動学的安定性

したが，第20図は第17図と第19図を一枚の図表に重ね合わせたものである．容易に知られるように，これによって，経済がどのような初期条件におかれようともそれは$E=0$と$BP=0$の二本の曲線の交点eに必ず収束することが結論されるのである．すなわちe点は動学的に安定な均衡点である．

資本移動が緩慢な経済の動学的安定性　次に資本移動が相対的に緩慢な経済，すなわち

$$BP(\underset{\ominus}{Y},\ \underset{\oplus}{\pi},\ \underset{\ominus}{M}) = 0 \tag{4.8}$$

のケースについて考察しよう．この時，$BP=0$曲線は第19図とは異なり右上がりとなる．しかしながらその傾斜は，第21図が示すように，$E=0$曲線の傾斜に比べて小である[9]．従ってこのことから，いかなるYとπの組み合わせからスタートしても経済はそこに必ず収束するという意味において，第21図のe点は動学的に安定であると結論することができるの

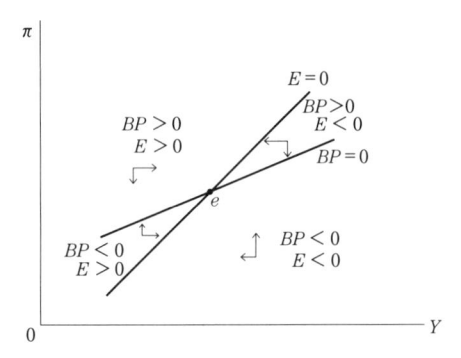

第21図　緩慢な資本移動の経済の動学的安定性

である．

結語的要約　以上の分析によって，資本移動が相対的に迅速であるかそれとも緩慢であるかのいかんを問わず，$BP=0$ および $E=0$ で示される均衡体系は動学的に安定であることが示された．かくしてわれわれはわれわれの分析を次のようにまとめることができる．

　命題 (3)

　　「自由変動相場制の下では，資本移動の迅速性のいかんにかかわらず，経済は超過需要が存在せず($E=0$)かつ国際収支の均衡した状態($BP=0$)に必ず収束する」．

かくしてこの命題によりわれわれは，現実の経済が $E=0$ でかつ $BP=0$ の下にあると想定しても非現実性に陥ることはない，と結論することができるのである．

---

9)　その証明は次のようである．まず(4.6)の $E=0$ を全微分して整理するならば

$$\frac{\partial \pi}{\partial Y} = -\frac{1}{B\pi}\Big\{B_Y - S_Y + I_r\frac{\partial r}{\partial Y}\Big\} \qquad (*)$$

が成立する．他方(4.7)の $BP=0$ を全微分して整理すれば

$$\frac{\partial \pi}{\partial Y} = -\frac{1}{B\pi}\Big\{B_Y + K_r\frac{\partial r}{\partial Y}\Big\} \qquad (**)$$

が得られる．そこで$(*)$から$(**)$を控除すると

$$(*)-(**) = \frac{1}{B\pi}\Big\{\underset{\oplus}{S_Y} - (\underset{\ominus}{I_r} - \underset{\oplus}{K_r})\underset{\oplus}{\frac{\partial r}{\partial Y}}\Big\} > 0$$

となって所望の結論を得るのである．

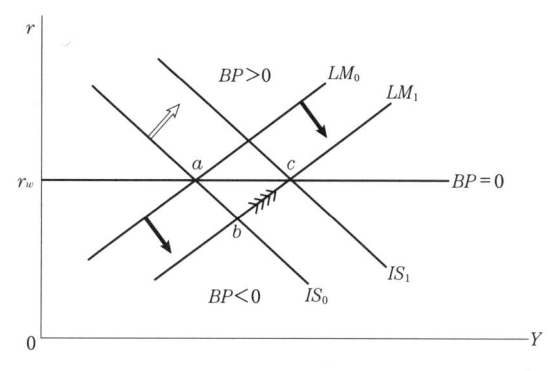

第22図　金融緩和の効果――完全資本移動のケース

マーシャル＝ラーナーの安定条件との関係　われわれはここで，上記の命題が為替市場の安定性に関するマーシャル＝ラーナーの条件に依存していることに注意すべきである．もし経常収支 B と為替レート π との関係がマイナスならば，$E=0$ および $BP=0$ の均衡点は動学的に不安定になってしまうのであって，その確認は各自の検討に委ねられるであろう．

2　変動相場制における金融政策の有効性

問題の提起　前章でわれわれは為替レートが固定的なる場合における金融政策および財政政策の有効性について検討した．そして財政政策は資本移動のタイプによって国民所得に対して有効性をもち得るが，金融政策はいかなるタイプの資本移動に対しても有効性をもち得ないことが明らかにされた．しからば変動相場制の下では金融政策および財政政策はどのような効果をもつのであろうか．以下に示されるように，われわれはここでも資本移動のタイプを分類し，そのタイプのいかんによってその有効性が異なることを明らかにするであろう．この中，マンデル＝フレーミングは完全資本移動の小国のケースに関して立ち入った分析を行なっているが，われわれの分析はそのようなケースには限定されない．本節ではまず，金融政策の効果について検討する．

完全資本移動のケース　最初に資本移動が完全なる場合について考察

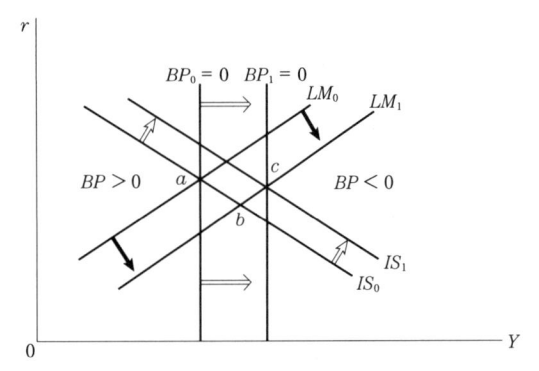

第23図　金融緩和の効果——資本移動不在のケース

しよう。第22図がその状況を示している。この図において経済が最初に a 点におかれていたとする。IS_0 は所与の政府支出の下で為替レートが π_0 の場合の $I=S$ 曲線の状態を示したものである。いま、貨幣供給量が M_0 から M_1 に増大し、$L=M$ 曲線が LM_0 から LM_1 にシフトしたとする。黒い矢印がそのことを示している。経済は a 点から b 点にシフトする。b 点では、一方では Y の増大による経常収支 B の悪化、他方では r の下落による資本収支 K の悪化によって国際収支はマイナスとなる。かくして為替レートは減価して π は上昇する。しかるにマーシャル＝ラーナーの安定条件の前提によって π の上昇とともに B は増大し、$I=S$ 曲線は IS_0 から IS_1 にシフトする。白抜きの矢印はそのような $I=S$ 曲線のシフトの状態を示したものである。そしてこのような運動は BP がマイナスである限り継続し、結局には $r=r_w$ が実現する。図の c 点がそれである。かくしてこの場合、金融緩和の政策は国民所得に対して顕著な拡大効果を与えるのである。

資本移動不在のケース　　次に資本移動不在のケースをとりあげよう。この場合には利子率の変化にともなう資本移動の効果は全く存在せず、問題になるのは経常収支だけである。結論をいえば完全資本移動の場合と同様にこの場合にも金融緩和の政策は国民所得に対して大きな拡大効果を与える。第23図がその状況を示している。M の増大とともに $L=M$ 曲線は LM_0 から LM_1 にシフトし、経済は a 点から b 点に移動する。国民所得の

ⓐ 迅速な資本移動のケース　　ⓑ 緩慢な資本移動のケース

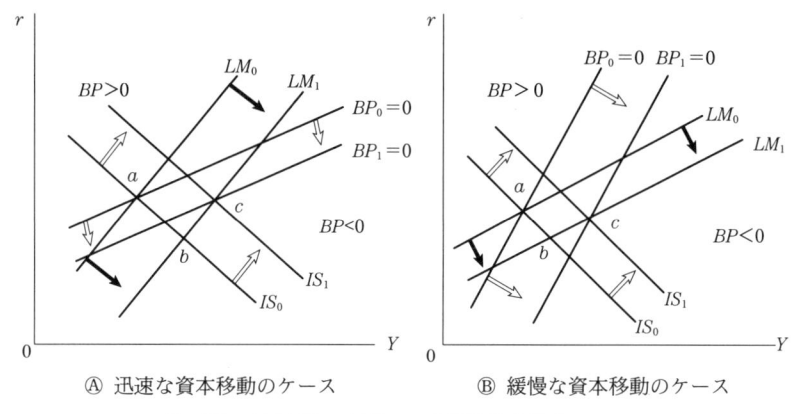

第24図　金融緩和の効果——中間的資本移動のケース

増大の結果，経常収支 B は悪化し BP はマイナスとなる．かくして為替レートは減価し π は上昇する．π の上昇は B を増大させる．B の増大は，一方では $I=S$ 曲線を IS_0 から IS_1 へと右方にシフトさせ，他方では $BP=0$ 曲線を $BP_0=0$ から $BP_1=0$ へと同じように右方にシフトさせる．白抜きの矢印の動きがそのことを明示している．そして経済は LM_1 と IS_1 が交わる c 点に到達する．c 点では国際収支は均衡を維持している．かくしてわれわれはこの場合にも金融緩和の拡張効果は大であると結論できるのである（なお，a 点に比べて c 点での利子率は若干低い水準である．なぜならば M の増大は r の低下をもたらすからである）．

中間的資本移動のケース　　さて，われわれには中間的資本移動のケースが残っている．それはさらに資本移動が相対的に「迅速」な経済と相対的に「緩慢」な経済の二つに分類される．第24図のⓐが前者でありⓑが後者である．しかしながら得られる結論は同一である．すなわち，最初に a 点にあった経済は M の増大によって b 点にシフトする．b 点では BP はともにマイナスである．かくして π の上昇が生じる．π の上昇は一方では $I=S$ 曲線の右方へのシフト，他方では $BP=0$ 曲線の右方へのシフトをもたらす．このようにして経済は c 点に到達する．c 点では $I=S$，$L=M$ および $BP=0$ が成立しているが，c 点は b 点の右方にあり，それだけ国民所得に対する拡大効果は大きいのである．

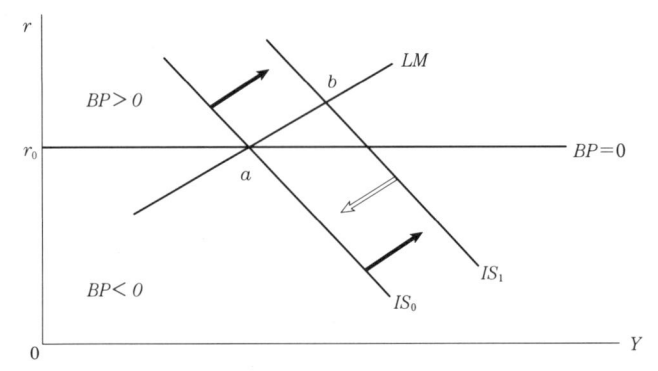

第25図　財政拡張の効果——完全資本移動のケース

結語的要約　　以上で変動為替相場制の下での金融政策の効果が明らかにされた．これを要約すれば，われわれは次の命題を提出することができる．

命題 (4)
「変動相場制においては，資本移動のタイプのいかんにかかわらず金融政策の有効性は大である」．

この結論は上述の固定相場制と著しく対照的である．すなわち金融政策は固定相場制ではいかなるタイプの資本移動に対しても有効性をもたないが，ここでは資本移動のタイプのいかんにかかわらず有効なのである．

3　変動相場制における財政政策の有効性

問題の提起　　われわれは上で固定相場制の下での開放体系での財政政策の有効性について命題 (2) を提出した．しからば変動相場制の下における財政政策は国民経済に対してどのような効果を与えるのであろうか．上述したように，金融政策は固定相場制では全く有効性をもたなかったが財政政策は資本移動のタイプによって有効性を保持しており対照的であった．そして以下に示されるようにその対照性は変動相場制の場合にも妥当するのである．以下，われわれは完全な資本移動のケースから分析を始めよう．

完全資本移動のケース　　第25図は完全資本移動の場合における財政拡

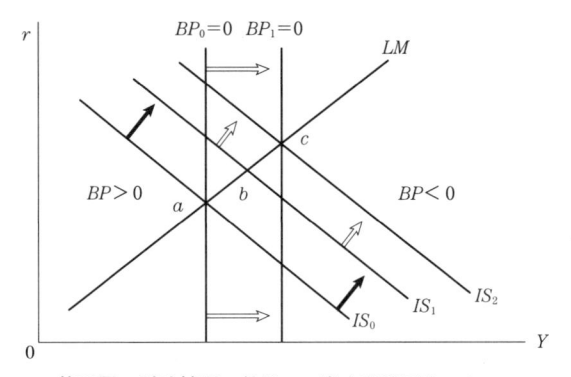

第26図　財政拡張の効果——資本移動不在のケース

張の効果を図示したものである．図において経済が最初に a 点にあり，貨幣供給量を一定にしたままで財政支出が拡大し，ために $I=S$ 曲線が IS_0 から IS_1 に上方にシフトしたとする．経済は a 点から b 点に移行し，Y と r の双方が上昇する．Y の増大は経常収支 B を悪化させるが r の上昇は資本収支 K を良化させ，K の良化の効果が B の悪化の効果を凌駕し，国際収支 BP はプラスとなる．かくして為替レートは減価し π は低下する．π の低下は B にマイナスの効果を与える．そして白抜きの矢印が示すように $I=S$ 曲線を左方にシフトさせ，ついには経済は元の a 点に立ち戻るのである．以上のことからわれわれは，変動相場制下の完全資本移動のケースでは，財政的拡張は一時的にはともかく貨幣供給量が不変である限り国民所得には拡張効果をもち得ないと結論することができる．

資本移動不在のケース　次に資本移動不在のケースを考察しよう．結論から言えば，その有効性は顕著である．第26図がそのことを示している．財政支出の増大の結果，経済は a 点から b 点にシフトする．Y の増大によって経常収支は悪化するが，仮定によって資本収支には変化は生じない．かくして国際収支はマイナスとなり，それとともに為替レートは減価し，$I=S$ 曲線は IS_1 からさらに上方の IS_2 にシフトする．そして当初の $BP_0=0$ の直線も図に示されているように右方の $BP_1=0$ にシフトし，経済は c 点に到達する．かくしてこれより拡張的財政政策は国民所得に対して顕著な拡大効果をもたらすことが知られるのである．

Ⓐ 迅速な資本移動のケース　　　Ⓑ 緩慢な資本移動のケース

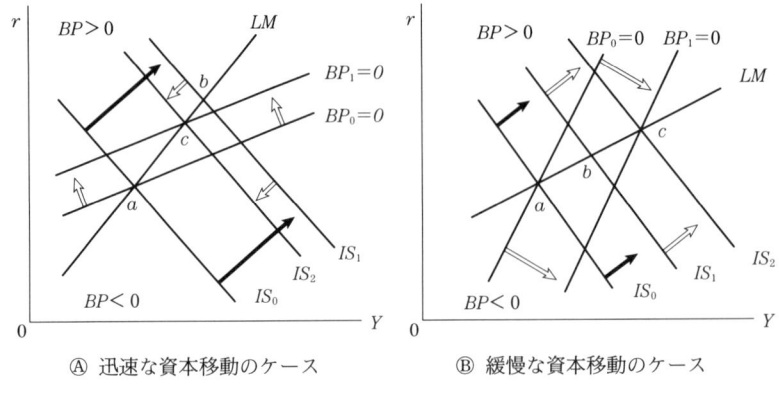

第27図　財政拡張の効果——中間的資本移動のケース

中間的資本移動のケース　　最後に中間的資本移動のケースが残っている．それについてもわれわれは再び，資本移動が相対的に「迅速」なケースと相対的に「緩慢」なケースに区別しなければならない．第27図のⒶが前者でありⒷが後者である．しかしその検討については読者に委ねることができる．但し，図から明らかなように，相対的に迅速な資本移動の経済に比べて相対的に緩慢な資本移動の経済の方が財政拡張の効果は大である．

結語的要約　　かくしてわれわれは次の命題を提出することが出来る．

命題 (5)

「変動相場制において財政的拡張は，資本移動が完全ならばその有効性は存在せず，資本移動が不在ならばその有効性は大である．中間的資本移動においては有効性を保持するが，相対的に資本移動が緩慢な経済の方が相対的に資本移動が迅速な経済に比べてその拡張効果は大である」．

分析結果の要約　　さて，以上の固定相場制および自由変動相場制における金融政策および財政政策の有効性の分析に要約を与えるならば，われわれは第1表を提示することができるであろう．ここで○＝効果大，×＝効果なし，△＝効果小を示す記号である．容易に知られるように，財政政

第 1 表 財政政策および金融政策の有効性

資本移動	固定相場制				変動相場制			
	完全	中間型		不在	完全	中間型		不在
		相対的迅速型	相対的緩慢型			相対的迅速型	相対的緩慢型	
財政拡張	○	○	△	×	×	△	○	○
金融緩和	×	×	×	×	○	○	○	○

策および金融政策の国民所得に及ぼす変動効果は固定相場制と変動相場制とではいずれも対照的である．再びこれを完全資本移動のケースと資本移動不在のケースについて見るならば，われわれは次のような要約を提示することができる．

命題 (6)

「固定相場制において，資本移動が不在ならば財政政策および金融政策はともに国民所得に対して拡張効果をもたないが，資本移動が完全ならば金融政策は同じく有効性をもたないのに対して財政政策は有効性を保持する」．

命題 (7)

「変動相場制において，資本移動が不在ならば財政政策および金融政策はともに国民所得に対して拡張効果を保持するが，資本移動が完全ならば財政政策はその有効性を喪失し金融政策はその有効性を保持する」．

もちろん，現在の世界の主要な大国では資本移動は完全でも不在でもない．それは資本移動の利子弾力性の大きさに依存して中間的資本移動のケースにあるものとして記述されるであろうが，資本移動の相対的迅速性についてはア・プリオリィな判定を下すことは困難である．一見したところ，資本移動の自由化の進展とともに $BP=0$ 曲線が次第に横軸に平行となってきたという推測から，資本移動は相対的に迅速になりつつあると主張されるかも知れない．もちろん，これは小国については正しい．しかし流動性の罠に陥った大国の場合には必ずしも妥当しないのである．

4 ポリシー・ミックスの分析

均衡値への比較静学的効果 さて，変動相場制に立脚するわれわれの均衡モデルをもう一度再掲すれば，次のごとくである．

$$I(\underset{\ominus}{r})+G+B(\underset{\ominus}{Y},\underset{\oplus}{\pi})=S(\underset{\oplus}{Y}) \tag{4.9}$$

$$M=L(\underset{\oplus}{Y},\underset{\ominus}{r}) \tag{4.10}$$

$$BP=BP(\underset{\ominus}{Y},\underset{\oplus}{r},\underset{\ominus}{\pi})=0 \tag{4.11}$$

ケインズ学派の有効需要の原理を前提にすると所与の G および M の下でこの体系は動学的に安定であり，われわれはこの3個の方程式で Y, r, π の三個の未知数の均衡値を決定することができるのである．ところで所与の G および M の下での均衡値を

$$Y=Y(\underset{\oplus}{G},\underset{\oplus}{M}) \tag{4.12}$$

$$r=r(\underset{\oplus}{G},\underset{\ominus}{M}) \tag{4.13}$$

$$\pi=\pi(\underset{\oplus}{G},\underset{\oplus}{M}) \tag{4.14}$$

で示す．既述のように G および M の下に附した符号はその変化が各変数に及ぼす比較静学的効果を明示しているが，G と π との関係は確定しない．これは資本移動の迅速性のいかんによって符号条件が異なるからである．

完全雇用のためのポリシー・ミックス いま，(4.12)において労働の完全雇用が実現するように（すなわち $Y=Y_e$ が成立するように）G と M とが決定されるとしよう．すなわち

$$Y_e=Y(\underset{\oplus}{G},\underset{\oplus}{M}) \tag{4.15}$$

である．これは $Y=Y_e$ が成立するための G と M との種々なる組み合わせを示したポリシー・ミックスの方程式に他ならない．第28図の右下がりの曲線がそれである．この曲線の内側では Y は Y_e よりも小さくデフレ・ギャップが存在し，その外側では Y は Y_e よりも大であってインフレ・ギャップが存在している．われわれはすでに封鎖体系においても同様の図表が成立することを示しておいたが（第II篇5章3節），開放体系の場合にも同じような図表を提示できるのである．そしてわれわれは，「ティンバーゲンの定理」との関連で，利子率に対して実現すべき目標値が設定されるならば，G と M との組み合わせが決定されることを明らかにした．

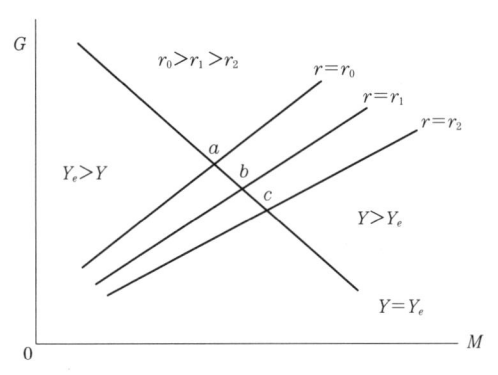

第28図　完全雇用のポリシー・ミックス

サミュエルソン＝ノードハウスの主張　すでに明らかにされているように，利子率が例えば r_0 に設定された場合の G と M との組み合わせがこのように右上がりであるのは，r が G の増加関数，M の減少関数であるからである．しかも明白なように，a 点から b 点，b 点から c 点へ移行するにつれて利子率は下落する．すなわち

$$r_0 > r_1 > r_2$$

である．このことは，G の減少を完全雇用の成立するように民間投資によって補い，民間投資の増加は r の低下によって可能となることを意味しているのである．しかるに一般的に言えば，民間投資の方が生産力造出効果において政府支出のそれよりも大であると考えられる．もしそうであるならば，等しく労働の完全雇用の成立を前提にしても，G を縮小し民間投資を増大させるならば，それによって国民所得の成長率を高めることが可能となるのである．かつてサミュエルソン＝ノードハウスは潜在的産出量の成長率を高めようとするならば，等しく労働の完全雇用の下でも拡張的金融政策と緊縮的財政政策のポリシー・ミックスが必要であると論じたが（[8]），以上の分析はサミュエルソン＝ノードハウスの主張の正当性を裏付けるのである．

国際収支の構造と経済政策の国際的協調　さて，われわれは国際間の資本移動は，他の事情を一定にして利子率の増加関数であると前提にしている．従って上の第28図において経済が a 点から b 点，b 点から c 点に

移行するにつれて資本収支は悪化し，$BP=0$ の下では経常収支は良化する．このように労働の完全雇用の問題を考える場合に，G と M との組み合わせが国際収支の「構造」の問題に対して重大な決定権をもっていることを知るのである．ここにわれわれはサミュエルソン＝ノードハウスとは異なる G と M との組み合わせに関するもう一つの課題を提出することができるのである．ある一国が経常収支の慢性的な黒字を継続するならば，他方では必ず赤字を続ける国が存在する．そして赤字国における累積的赤字が貿易制限や為替市場への公的介入などの望ましくない干渉主義を招来する危険性を内包していることは否定することのできない現実である．その場合には各国が採用すべき財政政策および金融政策について相互に協議することが要請されるのである．最近，経済政策の国際的協調に関する研究への関心が強まっているが，これは歓迎さるべき研究動向であるといってよい[10]．

5　若干の比較静学分析

一つの全微分方程式　さて，前節の(4.1)，(4.2)，(4.3)の方程式体系によってわれわれは生産物市場と貨幣市場の需給均衡および国際収支の均衡の条件を提示した．そこでこれを全微分して整理するならば，次の方程式体系を得ることができる．

$$\begin{pmatrix} \bar{S}_Y & -I_r & -B_\pi \\ L_Y & L_r & 0 \\ B_Y & K_r & B_\pi \end{pmatrix} \begin{Bmatrix} dY \\ dr \\ d\pi \end{Bmatrix} = \begin{Bmatrix} dG \\ dM \\ 0 \end{Bmatrix} \quad (4.16)$$

但し，各関数の下付きの変数の記号は当該関数に対する各変数の偏微分係数（例えば $L_Y \equiv \partial L/\partial Y$）を示しかつ $\bar{S}_Y \equiv S_Y - B_Y > 0$ である．そしてこの方程式体系の$\{3 \times 3\}$の要素からなる係数行列の行列式を Δ で示すならば，

$$\begin{aligned}\Delta &= \bar{S}_Y L_r B_\pi - L_Y K_r B_\pi + B_Y L_r B_\pi + L_Y I_r B_\pi \\ &= \{S_Y L_r - L_Y K_r + L_Y I_r\} B_\pi < 0\end{aligned}$$

となり，その符号はマイナスである．これより次の方程式が成立する．

---

10)　国際的政策協調の問題については文献［12］が有用である．

第4章 変動相場制の下での巨視的経済政策論

$$\begin{Bmatrix} dY \\ dr \\ d\pi \end{Bmatrix} = \frac{1}{\Delta} \begin{pmatrix} L_r B_\pi & B_\pi(I_r - K_r) & L_r B_\pi \\ -L_Y B_\pi & B_\pi(\bar{S}_Y + B_Y) & L_Y B_\pi \\ L_Y K_r - B_Y L_r & -\bar{S}_Y K_r - B_\pi I_r & \bar{S}_Y L_r + I_r L_Y \end{pmatrix} \begin{Bmatrix} dG \\ dM \\ 0 \end{Bmatrix}$$

(4.17)

符号条件の確認 以下の符号条件を確認することは容易である．

$$\frac{\partial Y}{\partial G} = \frac{1}{\Delta}\{\underset{\oplus}{L_r}\underset{\oplus}{B_\pi}\} \geqq 0$$

$$\frac{\partial r}{\partial G} = \frac{1}{\Delta}\{-\underset{\oplus}{L_Y}\underset{\oplus}{B_\pi}\} \geqq 0$$

$$\frac{\partial \pi}{\partial G} = \frac{1}{\Delta}\{\underset{\oplus}{L_Y}\underset{\oplus}{K_r} - \underset{\ominus}{B_Y}\underset{\ominus}{L_r}\} \gtreqless 0$$

$$\frac{\partial Y}{\partial M} = \frac{1}{\Delta}\{\underset{\oplus}{B_\pi}(\underset{\oplus}{I_r} - \underset{\oplus}{K_r})\} > 0$$

$$\frac{\partial r}{\partial M} = \frac{1}{\Delta}\{B_\pi(\bar{S}_Y + B_Y)\} = \frac{1}{\Delta}\{\underset{\oplus}{B_\pi}\underset{\oplus}{S_Y}\} \leqq 0$$

$$\frac{\partial \pi}{\partial M} = \frac{1}{\Delta}\{-\underset{\ominus}{S_Y}\underset{\oplus}{K_r} - \underset{\ominus}{B_Y}\underset{\oplus}{I_r}\} > 0$$

但し，上式で等号が現われるのは資本移動が完全で $K_r = \infty$ の場合（従って $\Delta = -\infty$）においてである．

独立変数の変動効果 第2表は以上の符号条件を一つの表にまとめたものである．この表において G の変化が π に及ぼす変動効果が確定していないのは，資本移動の迅速性にそれが依存しているからに他ならない．もし資本移動が相対的に迅速ならば

$$L_Y K_r > B_Y L_r$$

となってその効果はマイナス，反対に資本移動が相対的に緩慢な場合には

$$B_Y L_r > L_Y K_r$$

となってその効果はプラスとなるのである．さらに第2表には G および M の変化が経常収支 B と資本収支 K に及ぼす効果が記入されている．

第2表 独立変数の変動効果

	Y	r	π	B	K
G	$\geqq 0$	$\geqq 0$	$\gtreqless 0$	$\leqq 0$	$\geqq 0$
M	> 0	$\leqq 0$	> 0	$\geqq 0$	$\leqq 0$

第III篇　参照文献

[1] Burda, M. and Wyplosy, C.,*Macroeconomics, A European Text*, 1993.
[2] Fleming, J. M., "Domestic Financial Policies under Fixed and under Floating Exchange Rates", *IMF Staff Papers* 3, 1962, pp. 369-80.
[3] Gärtner, M., *Macroeconomics under Flexible Exchange Rates*, 1993.
[4] Keynes, J. M., *The General Theory of Employment, Interest and Money*, 1936（塩野谷祐一訳『雇用・利子および貨幣の一般理論』1995）.
[5] Krugman, P. R. and Obstfeld, M., *International Economics,* 1988（石井奈穂子・浦田秀次郎・竹中平蔵・千田亮吉・松井均訳『国際経済』第II巻，1990）.
[6] Mundel, R. A., "Capital Mobility and Stabilization Policy under Fixed and Flexible Exchange Rates", *Canadian Journal of Economics and Political Science* 78, 1963, pp. 475-85.
[7] Niehans, J., *International Monetary Economics*, 1984（天野明弘・井川一宏・出井文男訳『国際金融のマクロ経済学』1986）.
[8] Samuelson, P. and Nordhaus, W., *Economics*, 13 ed., 1989（都留重人訳『経済学』上下，第11版，1980）.
[9] Triffin, R., *Gold and the Dollar Crisis*, 1960.
[10] Vane, H. R. and Thompson, J. L., *Current Controversis in Macroeconomics*, 1992.
[11] 荒憲治郎『マクロ経済学講義』1985，創文社.
[12] 石井菜穂子『政策協調の経済学』1990，日本経済新聞社.
[13] 須田美矢子『国際マクロ経済学』1988，日本経済新聞社.

第IV篇

現代マクロ経済政策論の諸論争

第 1 章
ケインズ学派のインフレ分析

―――――

1 総需要価格の変動方程式

総需要価格の伸縮性　われわれは上で，ケインズの $I=S$ 曲線および $L=M$ 曲線から導かれる「総需要価格曲線」を

$$P = \frac{M}{L(\underset{\oplus}{Y},\ \underset{\ominus}{r(\underset{\ominus}{Y})})} = P(\underset{\oplus}{M},\ \underset{\ominus}{Y}) \tag{1.1}$$

によって示した（第1篇2章1節）．容易に知られるように，この方程式で M の変化が総需要価格水準に及ぼす効果の弾力性は1に等しいこと，すなわち

$$\frac{\partial P}{\partial M} \div \frac{P}{M} = 1 \tag{1.2}$$

であることは明白である．すなわち，所与の Y の下で M が1％増加すると P も同じく1％上昇するのである．これに対して Y の変化が P に及ぼす効果の弾力性を

$$a \equiv -\frac{\partial P}{\partial Y} \div \frac{P}{Y} \tag{1.3}$$

で示すならば，これは先にわれわれが定式化した「総需要の価格弾力性」η，すなわち

$$\eta = -\frac{\partial Y}{\partial P} \div \frac{Y}{P} \tag{1.4}$$

の逆数に等しい．われわれは(1.3)の a を「総需要価格の伸縮性」flexibility of aggregate demand price とよぶ．明白なように，η が無限大の時には a はゼロに等しい．ここで興味があるのは $\eta=0$ （すなわち $a=\infty$）のケースである．既に明らかにしたように，このような事態は上

でわれわれが「ケインズ的病理現象」とよんだケース，すなわち
  ① 投資の利子弾力性がゼロ
  ② 貨幣需要の利子弾力性が無限大
のいずれかが成立しかつ「ピグー効果」が無視できる場合に生じる．もちろん，われわれは総需要曲線の傾斜がマイナスの場合を前提にしているから，a の変動領域は

$$\infty \geqq a > 0 \tag{1.5}$$

となる．

総需要価格の変動方程式　さて，われわれが分析しようとするのは不断に物価水準が上昇しているインフレ過程である．もし(1.1)において Y が労働の完全雇用所得に等しくかつ不変ならば，P は M の変化のみに依存し，しかもその依存の仕方は P と M とは同率で変化するようなものである．しかるにケインズ学派の立場からは Y は変化しうる変数である．そこでこのことを考慮して(1.1)の両辺を時間 t で微分すると

$$\frac{dP}{dt} = \frac{\partial Y}{\partial M} \cdot \frac{dM}{dt} + \frac{\partial P}{\partial Y} \cdot \frac{dY}{dt} \tag{1.6}$$

が成立する．しかるに(1.2)によって

$$\frac{\partial Y}{\partial M} = \frac{Y}{M} \tag{1.7}$$

であり，(1.3)によって

$$\frac{\partial P}{\partial Y} = -a\frac{P}{Y} \tag{1.8}$$

であるから，これらを(1.6)に代入して整理すると

$$\frac{dP}{dt} \cdot \frac{1}{P} = \frac{dM}{dt} \cdot \frac{1}{M} - a\frac{dY}{dt} \cdot \frac{1}{Y} \tag{1.9}$$

が得られるのである．あるいは記号の簡単化のために，例えば x の変化率を

$$g(x) \equiv \frac{dx}{dt} \cdot \frac{1}{x}$$

で示すと

第1章　ケインズ学派のインフレ分析　　　　　　　　161

$$g(P) = g(M) - ag(Y) \qquad (1.10)$$

となる．われわれはこれを「総需要価格の変動方程式」と名づける．これは $I=S$ 曲線および $L=M$ 曲線を介して P の M および Y への依存関係をそれぞれの変化率の関係として記述したものである．その本質においてそれは(1.1)の総需要価格曲線と異なるところはなく，いわば(1.10)は総需要価格曲線の動学版に他ならない．

2　総供給価格の変動方程式

総供給価格の伸縮性　　さてわれわれは，上でフル＝コスト原理に立脚した総供給価格を，m および j を所与として

$$P = (1+m)(1+j)\frac{WN}{Y} \equiv F_s(W, Y) \qquad (1.11)$$

で示し，関数 F_s を「総供給価格曲線」と名づけた（第Ⅰ篇3章2節）．そしてわれわれはそれを総需要価格曲線と連立させてケインズ学派の産出量と物価水準の決定のメカニズムを分析した．ところでこの(1.11)において

$$\frac{\partial P}{\partial W} \div \frac{P}{W} = 1 \qquad (1.12)$$

であることは直ちに明白である．すなわち，他の事情を一定にして W が1％上昇すると m および j にして一定なる限り総供給価格も1％上昇するのである．これに対して Y の変化が P に及ぼす効果の弾力性を

$$b \equiv \frac{\partial P}{\partial Y} \div \frac{P}{Y} \qquad (1.13)$$

で示し，これを「総供給価格の伸縮性」と名付ける．第1図はその b の変動領域のあり得べき状態を示したものである．ここで所与の技術水準および資本ストックの下では，いずれは収穫逓減の法則性が支配するようになるであろうが，産出量のある水準（図の Y_0）までは収穫不変が妥当すると想定しよう．その場合には，総供給価格は Y_0 までは横軸に平行であって $b=0$，Y_0 をすぎてから b はプラスに転じ，産出量が完全雇用水準（図の Y_e）に到達すれば b は無限大となる．かくしてわれわれは b の変動領域を

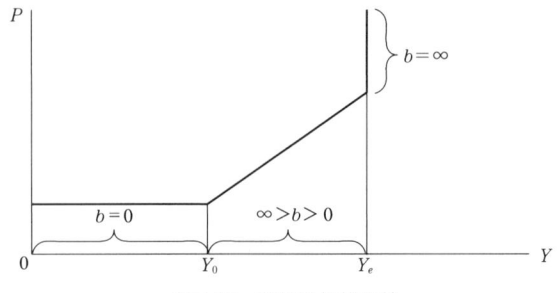

第1図 総供給価格曲線

$$\infty \geqq b \geqq 0 \qquad (1.14)$$

のように記述することができる[1]．

総供給価格の変動方程式　以上で総供給価格曲線の伸縮性に関する定式化がなされた．そこで総需要価格曲線の場合と同様にこれを動態的な形に展開するために，(1.11)の両辺を時間 t で微分すると，次式が成立する．

$$\frac{dP}{dt} = \frac{\partial P}{\partial W} \cdot \frac{dW}{dt} + \frac{\partial P}{\partial Y} \cdot \frac{dY}{dt} \qquad (1.15)$$

しかるに(1.12)によって

$$\frac{\partial P}{\partial W} = \frac{P}{W} \qquad (1.16)$$

であり，(1.13)によって

$$\frac{\partial P}{\partial Y} = b\frac{P}{Y} \qquad (1.17)$$

であるから，これを(1.15)に代入すると

$$\frac{dP}{dt} \cdot \frac{1}{P} = \frac{dW}{dt} \cdot \frac{1}{W} + b\frac{dY}{dt} \cdot \frac{1}{Y} \qquad (1.18)$$

が得られる．あるいは上記の g の記号を用いるならば，

$$g(P) = g(W) + bg(Y) \qquad (1.19)$$

---

[1]　所与の資本ストックの下でも大量生産の利益によって平均費用が生産量の拡大とともに逓減することはあり得る．その時には b はマイナスとなる．しかしその状態は一時的にしかすぎず，究極的には収穫逓減の領域に入らざるを得ない．以下の分析では b がマイナスとなる状況を無視する．

となる.われわれはこれを「総供給価格の変動方程式」と名づける.上述の総需要価格の変動方程式と同様に,この方程式もその本質において(1.11)と異なるところはない.それは W および Y が時間をともに変化し得る可能性を前提にして(1.11)を動態的な形に書き改めたものに他ならないのである.

3 需要インフレとコスト・インフレ

物価水準の変動方程式　以上で総需要価格曲線および総供給価格曲線はそれぞれ動態的な形態に定式化された.そこでこの二つの方程式を等値して整理するならば,われわれは次のような「物価水準の変動方程式」,すなわち

$$g(P) = \left\{\frac{a}{a+b}\right\}g(W) + \left\{\frac{b}{a+b}\right\}g(M) \qquad (1.20)$$

および「産出量の変動方程式」,すなわち

$$g(Y) = \left\{\frac{1}{a+b}\right\}\{g(M) - g(W)\} \qquad (1.21)$$

を提出することができる.容易に知られるように(1.20)からわれわれは,P の変化率は $g(W)$ と $g(M)$ の加重平均であって,その際のウエイトはそれぞれ

$$\left\{\frac{a}{a+b}\right\} \text{ および } \left\{\frac{b}{a+b}\right\}$$

であり,その合計は1に等しく(このことは W と M が同一の率で変化するならば P もまたそれと同じ率で変化することを意味する),また(1.21)から,W および M が同一の率で変化するならば Y は変化しない,と結論することができる[2].

一般化された貨幣数量説の動態版　さて,別の機会に私は,(1.20)の

---

[2]　数学の用語でこれは P が W と M の「一次同次の関数」であることを意味する.これに対して Y は W と M の「ゼロ次同次の関数」である.

右辺の第一項，すなわち

$$\left\{\frac{a}{a+b}\right\}g(W)$$

を物価変化率に関する「コスト・プッシュ要因」あるいは「コスト・インフレ要因」，第二項，すなわち

$$\left\{\frac{b}{a+b}\right\}g(M)$$

を物価変化率に関する「デマンド・プル要因」あるいは「需要インフレ要因」と名づけた（[1]，p.330）．前者をコスト・インフレ要因とよぶのは，貨幣賃金率の上昇が生産コストによる総供給価格曲線の引き上げ要因であり，後者を需要インフレ要因とよぶのは，貨幣供給量の増加が有効需要の増大を媒介にして総需要価格曲線の上方への引き上げ要因として作用するからである．このように現実の物価水準の変化率はコスト・プッシュ型インフレ要因とデマンド・プル型要因の加重平均となるのである．ここでわれわれはわれわれの物価水準の変動方程式が，伝統的な貨幣数量説と比較した場合に，それが物価水準に対するコスト・プッシュ要因を明示的に考慮に入れていることに注目しなければならない．古典学派の貨幣数量説の教義は物価水準に及ぼす貨幣数量の変動効果に注目し，生産コストの変化が物価水準に及ぼす効果に対してそれを明示的に考慮する手掛りを与えていない．これに対してわれわれの物価変動方程式は，以下で明らかにするように，純粋な形での古典学派の貨幣数量説が妥当するケースを分析し得ると同時に，物価水準に及ぼすコスト要因の効果も分析し得る「一般化された貨幣数量説の動態版」となっているのである．

デマンド・プル要因のインフレ　　さて，(1.3)の a をわれわれは総需要価格の伸縮性をよんだが，しばらく a を有限のプラスのパラメーターとしよう．このことは総需要の価格弾力性 η が無限大ではなく，総需要曲線がなめらかな右下がりの曲線であることを意味している．この時，もし労働の完全雇用が実現していて第１図の総供給価格が完全雇用産出量 Y_e の水準で縦軸を平行な直線となっているならば，b は無限大となり，従って，

$$\left\{\frac{a}{a+b}\right\} = 0 \quad \text{でかつ} \quad \left\{\frac{b}{a+b}\right\} = 1$$

が成立する．しかるに(1.20)から明白なように，この時には，

$$g(P) = g(M) \tag{1.22}$$

が成立する．すなわち，P の変化率は M の変化率に等しい．われわれはここに，労働の完全雇用の場合には最も純粋な形で古典学派の貨幣数量説が妥当し，インフレが純粋にデマンド・プル型であることを知るのである．さらにまた，$b=\infty$ によって，(1.21)における産出量の変化率が

$$g(Y) = 0$$

となることを見るのも容易であろう．これは $Y=Y_e$（一定）によって全く自明の結論である．

コスト・プッシュ要因のインフレ　次に(1.3)における a が有限($\infty > a$)でかつ $b=0$ の状態に注目しよう．上述したように $b=0$ は第1図における総供給曲線が横軸に平行な場合があって，これは雇用水準が低水準にあってしばらく収穫不変のケースが妥当する場合に生じる．この時，(1.20)の右辺の係数は

$$\left\{\frac{a}{a+b}\right\} = 1 \quad \text{でかつ} \quad \left\{\frac{b}{a+b}\right\} = 0$$

となる．かくしてこの場合には

$$g(P) = g(W) \tag{1.23}$$

が成立する．これはコスト・プッシュ型のインフレが最も純粋な形で展開されているケースに他ならず，貨幣供給量 M が増大しても産出量が Y_e に達するまではそれは P の水準に何らの作用も与えないのである．

ケインズ的病理現象のケース　さて，以上では総需要の価格伸縮性 a を有限なプラスの値をもつものとした．これに対して経済がケインズ的病理現象の下にありかつピグー効果が無視できる場合には

$$a = \infty$$

である（すなわち $\eta = 0$ である）．そして b が有限であるとすれば，(1.20)の右辺の項の係数はそれぞれ

$$\left\{\frac{a}{a+b}\right\} = 1 \text{ でかつ } \left\{\frac{b}{a+b}\right\} = 0$$

となる．かくしてこの場合にも M の増加は P の上昇率には影響を与えず，増加した貨幣はすべて遊休貨幣として保有されることになる．

賃金政策の限界　以上で M および W が P に及ぼす効果が分析された．しからばそれらが Y に及ぼす効果（従って雇用量に及ぼす効果）はいかなるものであろうか．もし a および b が有限のパラメーターであるならば，M の増大および W の引き下げはともに Y の増加に貢献する．これは上述の(1.21)より明白である．しかるに経済がケインズ的病理現象の下にありかつピグー効果が無視できる場合には $a=\infty$ であり，(1.21)の右辺の係数はゼロとなる．このことは，貨幣賃金率をどのように引き下げても Y の増大には役立たず，失業の原因を貨幣賃金率の下方硬直性に求める古典学派の見解と明白に対立するのである．全く同じことが貨幣供給量の増大による有効需要促進政策についても妥当する．かくしてこのことから，雇用増大のために貨幣的拡張が奏効しない場合には雇用増大のために貨幣賃金率を引き下げても意味をもたないのである．このことはケインズによっても指摘されている．ケインズは次のように述べている．

　「伸縮的な賃金政策が持続的な完全雇用の状態を維持できるという信念には根拠はない．――それは，公開市場政策が他の助けなしにこの結果を達成できるという信念に根拠がないのと同じである．経済体系をこれらの線に沿って自動調節的なものにすることはできない」([6] p.264)．

第2章

フィリップス曲線とケインズ学派

――――――

フィリップス曲線

フィリップスの実証研究　前章でわれわれは貨幣賃金率 W の変化率をインフレ過程のコスト要因として位置づけたが，W の変化率がいかなる要因に依存して決まるかについては全くふれなかった．この問題に対してニュージーランドの経済学者A.W.フィリップスが，1861年から1913年までの約50年間のイギリスのデータを用いて，縦軸に貨幣賃金の変化率，横軸に労働の失業率を測定した時，おおよそ第2図で示されるような安定した右下がりの関係のあることを明らかにした（[17]）．P.サミュエルソンはR.M.ソローとの共同論文において，このような失業率と貨幣賃金率の変化率との間に存在するトレード・オフの関係を「フィリップス曲線」Phillips curve と名づけた（[18]）．イギリスに関するフィリップスの見解では，失業率が約5.5％の時に貨幣賃金率の変化率はゼロであり，失業率が約2.5％の時に $\Delta W/W$ は約2％となるとされたのである．ここで $\Delta W/W = 2$％の状況に注目するのは，長期的平均的にこの期間のイギリスの労働生産性の上昇率は約2％であり，もし労働生産性の上昇率と貨幣賃金率の上昇率とが等しい時には所得分配率が一定である限り物価水準は不変にとどまるであろうという考え方，すなわち失業率を2.5％に維持すればインフレ率をゼロにすることができるという考え方を基礎においているのである．

労働市場における構造的要因　その具体的数値はしばらくおくとしても，この図のようにフィリップス曲線が原点よりも右側で横軸を切りかつ原点に対して凸型をしているのはなぜであろうか．この設問に対してわれ

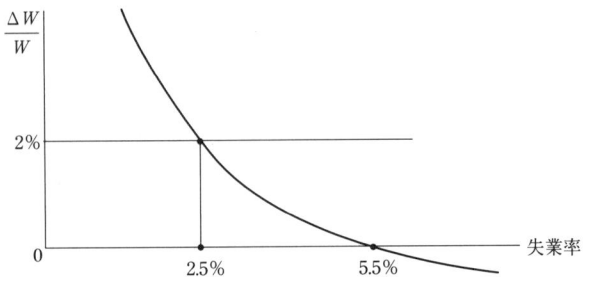

第2図 フィリップス曲線

われは，労働市場も結局には一般の商品市場と同じように超過需要に応じてその価格は変化するという法則性から免れることはできないが，労働市場には政治的・社会的・文化的な各種の構造的要因が作用していて，商品市場における完全競争のモデルはそのままでは妥当しないということを指摘しなければならない．そしてそのような観点から，以下においてわれわれは，いわゆる「UV 分析」によってフィリップス曲線の導出を試みよう．

UV 分析による不完全競争の測定　　UV 分析の U は unemployment の頭文字，V は vancancy の頭文字を示し，UV 分析とは労働の失業者数と未充足数とを比較して労働市場の不完全競争の程度を測定しようとする分析手法のことである[3]．労働者は決して同質的な集団ではなく，労働市場に関する情報はすべての人に完全に伝達されている訳ではない．例えば，一方ではある種の技能労働者が不足しているのに他方では多数の一般労働者が失業しているとか，移動のコストや情報不足のためにある地域では労働不足があるのに他の地域では過剰労働が存在していることは，日常的に観察される現象である．そこで $U=V$ の状況に注目しよう．もし労働者間に異質性がなくかつ労働市場が完全競争の下にあるとするならば，$U=V=0$ である．しかし不完全競争下の労働市場では，$U=V$ であってもそれは必ずしもゼロではない．そこで潜在的労働供給量を $\overline{N}$ で示し，

---

3) UV 分析についての立ち入った検討に関しては A. J. Brown の論文 [4] が有用である．

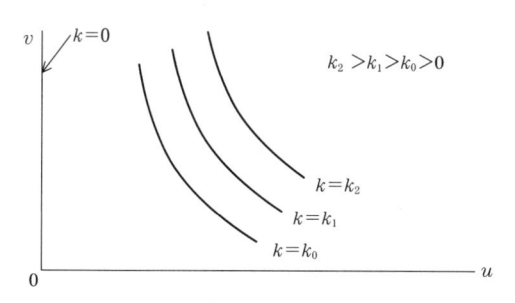

第3図 uv 曲線

U の $\overline{N}$ に対して占める比率を改めて小文字 u，V の $\overline{N}$ に対する比率を小文字 v で示し，u と v との積を

$$uv = k \tag{2.1}$$

によって示すことにしよう．これを「uv 曲線」と名づける．もし労働市場が完全競争の下にあれば $k=0$ である．しかし現実には k はゼロではない．われわれは k を労働市場の不完全競争の状態を測定する一つの指標とみなし，それが大であれば大であるほど労働市場における不完全競争の程度は大きいと考えるのである．第3図は(2.1)の状態を示したものである．もし労働市場が完全競争的であれば $k=0$ である．この時，uv 曲線は図の稜線上の L 字型の曲線となる．これに対して k がプラスならば uv 曲線は原点に対して凸型をした直角双曲線で示され，この曲線が上位に位置すればする程，労働市場の不完全競争の程度は大であると判断されるのである．

フィリップス曲線の導出　いま，$S=$ 労働供給量，$D=$ 労働需要量として，貨幣賃金率は D と S との差の潜在的労働供給量 $\overline{N}$ で割った比率に比例して変化するものと仮定する．すなわち

$$\frac{\Delta W}{W} = \alpha \left\{ \frac{D-S}{\overline{N}} \right\} \tag{2.2}$$

である．α はプラスのパラメーターである．ここで実質賃金率ではなく貨幣賃金率を問題にしているのは，われわれは所与とされている物価水準の下での労働市場の不均衡状態に注目しているからである．そこで，$E=$ 現に雇用されている労働量とすれば，失業者数 U は

であり，未充足労働量 V は

$$D-E = V \qquad (2.4)$$

である．かくしてこの関係を(2.2)に代入するならば

$$\frac{\Delta W}{W} = \alpha\left\{\frac{V-U}{N}\right\} \qquad (2.5)$$

が成立する．あるいは $V/N = v$ および $U/N = u$ を代入すると

$$\frac{\Delta W}{W} = \alpha\{v-u\}$$

あるいは(2.1)を考慮するならば

$$\frac{\Delta W}{W} = \alpha\left\{\frac{k}{u}-u\right\} \qquad (2.6)$$

が成立する．そしてこれこそが第2図で予定されているフィリップス曲線に他ならない．

数値例 上述したようにフィリップスが分析対象にしたのは1861年から約50年間のイギリスの経済であった．この期間を通して(2.6)の k および α が不変であったとは到底考え難いが，もし第1図のような曲線の存在を前提にするならば，その大略は

$$\frac{\Delta W}{W} = 0.2\left\{\frac{0.003}{u}-u\right\}$$

によって記述することができる．もし $k=0$ ならば，フィリップス曲線は原点を通る直線となる．そして $k>0$ である限りフィリップス曲線は原点に対して凸型の曲線として記述されるのである．

修正されたフィリップス曲線 さて，われわれはケインズ学派の価格形成の問題を分析する際に労働所得の分配率に注目し，それを所与として価格形成の方程式を定式化した．以下でもわれわれはそのような前提で分析を進める．すなわち

$$\theta \equiv 労働所得の分配率 = \frac{WN}{PY} = \frac{W}{P}\cdot\frac{1}{Z}$$

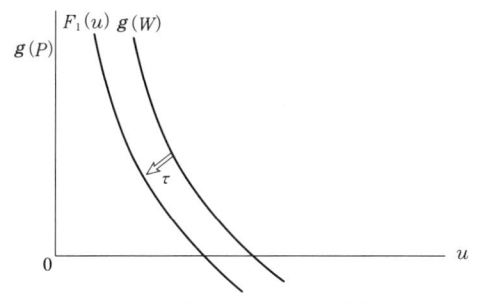

第4図 修正フィリップス曲線

とし，θ を差し当たりコンスタントと考えるのである．ここで，$Z \equiv \dfrac{Y}{N}$ であり，労働生産性を示す記号である．かくしてこれより

$$\frac{1}{W}\frac{dW}{dt} = \frac{1}{P}\frac{dP}{dt} + \frac{1}{Z}\frac{dZ}{dt} \tag{2.7}$$

を得る．あるいは上記の変化率の記号 $g(\cdot)$ を用いると

$$g(W) = g(P) + g(Z) \tag{2.8}$$

である．$g(Z)$ を「技術進歩率」とよび，これを τ で示す．かくして

$$g(W) = g(P) + \tau$$

となる．そこでこの関係を (2.6) に代入しかつ τ を所与のパラメーターとするならば，

$$g(P) = \alpha\left\{\frac{k}{u} - u\right\} - \tau \equiv F(\underset{\ominus}{u}) \tag{2.9}$$

を得る．これを「修正されたフィリップス曲線」とよぶ．すなわち，修正フィリップス曲線は $g(W)$ を技術進歩率によって修正してこれを $g(P)$ に変換したフィリップス曲線に他ならない．第4図は修正フィリップス曲線のあり得べき状態を示したものである．これは本来のフィリップス曲線を技術進歩率 τ の大きさだけ原点にシフトさせることによって得られる．

失業率とインフレ率との社会的無差別曲線　さて，第4図のフィリップス曲線が安定しているとすれば，社会的にみて経済政策の観点からこの曲線のいかなる点を選択するのが一番望ましいか，が問われるであろう．もし政策当局が低い失業率を選択するならば高いインフレ率を容認しなければならず，インフレ率を低く抑えようとするならば高い失業率を容認し

第5図 社会的無差別曲線

第6図 インフレ率と失業率の最適選択

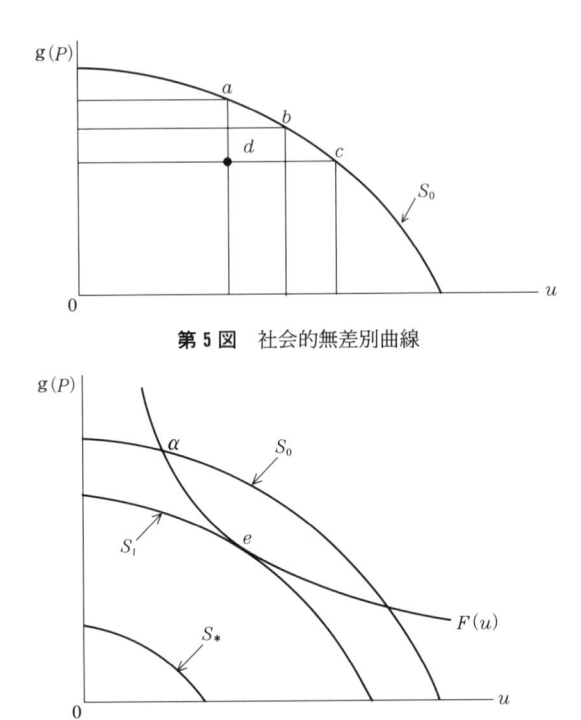

なければならない．そこでこの問題を検討するために，社会全体として第5図で示されるようなインフレ率と失業率の組み合わせについての「社会的無差別曲線」が存在するものと仮定しよう．この曲線は，a点・b点・c点のいずれのインフレ率と失業率との組み合わせも社会全体として同一の選択指標 S_0 を与える無差別な状態を示している．そしてこの曲線が上方に凸型となっている理由は，a点からb点，b点からc点にインフレ率を同じ大きさだけ引き下げた場合，失業率の逐次的増大によって苦痛が逓増するために，人々は同一のインフレ率の下落に対してますます少ない失業率しか容認しないことを意味しているのである．論じるまでもなく図のd点はa点よりも望ましい状態である．なぜならばa点に比べてd点は失業率が同一であるのにインフレ率は低いからである．そしてd点を中心に再び上方に凸型をした社会的無差別曲線が画かれる．

第2章 フィリップス曲線とケインズ学派

インフレ率と失業率との最適選択　第6図は第4図と第5図とを一枚の図表に重ね合わせたものである。いま，フィリップス曲線が$F(u)$の形で与えられているとしよう。さらに第5図で示されるような社会的無差別曲線が地図における等高線のように無数に書かれているものとする。しかるにもし政策当局者がフィリップス曲線上のa点を採用していたとするならば，その時の社会的満足度はS_0である。しかしこれは賢明な選択ではない。なぜならばフィリップス曲線にそってa点からe点に移動すれば，S_0よりも高い満足度のS_1を実現できるからである。もちろん，図のS_*の方がS_1よりも社会的満足度は高いが，それは所与の$F(u)$によっては実現不可能である。そしてe点は$F(u)$と社会的無差別曲線とが接している点であって，これがインフレ率と失業率との社会的に最適な選択を形成するのである。

第3章

マネタリストの自然失業率仮説

1 自然失業率仮説

アメリカ合衆国のフィリップス曲線 A.W.フィリップスが想定するように，もしフィリップス曲線が右下がりの安定した曲線であるならば，それはケインズ学派の経済政策にとっては極めて大きな福音となるであろう．しからば事実はどうであったのであろうか．第7図はアメリカ合衆国の最近の31年間のインフレ率（GNPデフレーターの年々の変化率）と失業率の関係を図示したものである（[15] p.329）．この図において1961年から69年までの動きは第4図のフィリップス曲線の考え方と両立し得るであろう．しかるにインフレ率と失業率とがともに増大する1969年から75年にかけての動きは第4図の想定を裏切るものである．同様のことは1983年から89年にかけても言える．このようにインフレ率の増大と失業率の増大とが同時に併行して進行する事実に直面し，第4図の安定的フィリップス曲線に基礎をおくケインズ学派の経済政策論は大いにその権威を失墜し，改めて第4図のフィリップス曲線の背後に存在する論理が問題とされるようになったのである．これに対して M.フリードマンは，既に1967年の論文において，今日「自然失業率仮説」とよばれる所説を提示し，第4図のフィリップス曲線の論理的誤謬を剔抉した．

期待物価上昇率とフィリップス曲線 労働者にとって重要なのは，単なる名目賃金ではなく実質賃金の水準である．同じことは雇用主の場合についても言える．いま，第8図において第0時点で経済が A 点にあったとしよう．この時，物価水準は変化せず，特別の理由のない限り物価水準上昇の期待も存在しない．P^e によって P の期待値を示すものとする．す

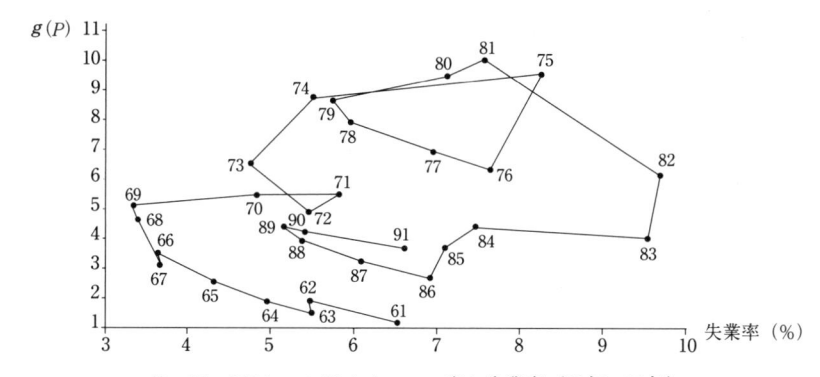

第7図 USAにおけるインフレ率と失業率（61年〜91年）

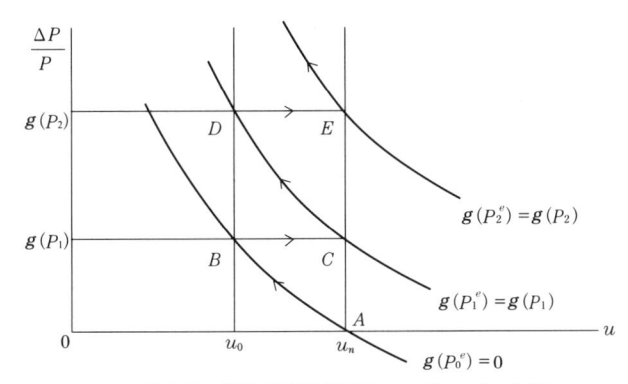

第8図 期待物価上昇率とフィリップス曲線

なわち

$$P^e = P \text{ の期待値} \equiv E(P)$$

である．従って最初の第0時点では

$$\frac{\Delta P_0}{P_0} = \frac{\Delta P_0^e}{P_0^e} = 0$$

あるいは簡略化の記号を用いると

$$g(P_0) = g(P_0^e) = 0$$

とおいて差し支えない．そしてわれわれはA点に対応する失業率をu_nで示し，これを「自然失業率」natural rate of unemployment と名づけるのである．自然失業率は時には「完全雇用失業率」ともよばれる．上記の第4図で言えば，それは$F(u)$曲線が縦軸と交わった場合の失業率であっ

て，それはケインズ経済学において非自発的失業の存在しない場合の失業率と同一である．この用語に関する M.フリードマンの定義に従うならば，次のごとくである．

「自然失業率とは，ワルラスの一般均衡方程式体系に労働および商品市場の現実の構造的特徴がおりこまれた時に生みだされる水準であるといえる．その特徴の中には，市場の不完全性，需要の確率的変動，求人就職のための情報収集コスト，さらに移動のコストが含まれる」
([6] p.15).

そこでいま，政府が野心的な雇用計画をたて，失業率を u_0 にまで引き下げる政策を採用したとしよう．もし第8図のフィリップス曲線を前提にすれば，物価水準は $g(P_1)$ だけ上昇するであろう．しかるに労働者が物価水準の上昇にもかかわらずそれを認知しなかったとすれば，経済は B 点の状態にとどまるであろう．しかし労働者はやがて実質賃金率が A 点にあった場合よりも低くなっていることに気づく．かくして彼らは労働供給曲線に従って労働供給量を引き下げるように行動し，それによって労働市場では賃金率は上昇し，経済は C 点にまで到達する．C 点では実質賃金率は A 点におけるのと同一水準であり，物価上昇率が $g(P_1)$ であるという点を除くと（もちろん，貨幣賃金率も $g(P_1)$ と同じ率で上昇している）以前の状態と異なるところはない．しかるに政府が再び失業率を u_0 にするように行動するならば，経済は D 点に移行し，物価上昇率は $g(P_2)$ となるであろう．そして以下同様のプロセスを辿るのである．以上のようにその時々の物価水準を所与として書かれるフィリップス曲線は期待物価水準の上昇とともに上方にシフトする．これは実質賃金によって労働供給量を決定しようとする労働者の合理的行動から導かれる自然な結論である．

フリードマンの自然失業率仮説　物価水準の上昇にもかかわらずフィリップス曲線が上方にシフトしないとするのは，労働者が物価水準の上昇を一時的に気がつかないか，あるいは貨幣的錯覚にさらわれているかのいずれかである．しかし長期間にわたってインフレ率を誤認したりあるいはマネー・イリュージョンにとらわれていると想定することは，合理的な労働者の行動とは両立しない．そこで自然失業率よりも低い失業率を求める

政策は，$g(P_1)$から$g(P_2)$，$g(P_2)$から$g(P_3)$というように，物価水準の加速的上昇の洗礼をうけざるを得なくなるのである．いま，期待物価上昇率をシフト変数とするフィリップス曲線を「短期フィリップス曲線」，自然失業率の上に立てた垂直線を「長期フィリップス曲線」とよべば，経済は一時的には短期フィリップス曲線に沿って自然失業率よりも低い失業率を維持できるとしても，やがてインフレ率は加速的となり，加速的インフレを避けようとすれば結局には経済は長期的フィリップス曲線から離れることは不可能となる，これがフリードマンの「自然失業率仮説」の主張である．自然失業率は時にはNAIRU (non-accelerating inflation rate of unemployment) ともよばれる．それはインフレ率を加速させない失業率を意味する．

期待要因導入のフィリップス曲線　物価上昇率についての期待要因を導入したフィリップス曲線を「期待要因導入のフィリップス曲線」(expectation-augmented Phillips curve) という．これは第2章の(2.9)の$F(u)$に$g(P^e)$を加えたもの，すなわち

$$g(P) = F(u) + g(P^e) \qquad (3.1)$$

のことである．問題は$g(P^e)$をどのように定式化するかである．このために

$$g(P^e) = \beta g(P) \qquad (3.2)$$

とおいてみる．但し

$$1 \geqq \beta \geqq 0$$

である．もし$\beta=0$ならば，現実にインフレが進行していてもそれは物価上昇の期待には反映されないことを意味する．これは既に第2図で提出したオリジナルなフィリップス曲線に他ならない．第9図の①はそのあり得べきケースを示している．これに対して②は$\beta=1$の場合を示したものであって，上記の長期フィリップス曲線のケースである．この場合には，$g(P)$とUとの間にはもはやいかなるトレード・オフの関係も存在せず，もし現実の失業率が自然失業率に等しければ，それはいかなる水準のインフレ率とも共存し得るのである．なぜならば，この時には

$$F(u) = 0$$

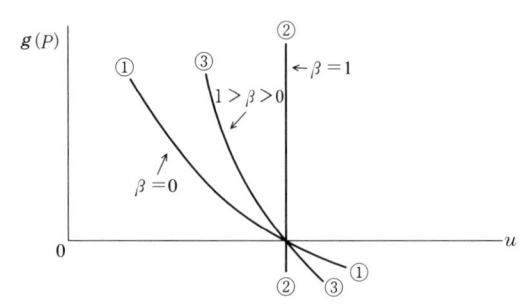

第 9 図 期待形成とフィリップス曲線

となり，u は $g(P)$ から全く独立しているからである．これに対して $1>\beta>0$ のケースは図の③の曲線で示されている．β が 1 よりも小さい正数であることは $g(P^e)$ が $g(P)$ よりも小さいことを意味する．この場合には u と $g(P)$ との間には若干のトレード・オフの関係の存在することが可能である．なぜならば，上述の(1.1)および(1.2)からわれわれは

$$g(P) = \frac{1}{1-\beta}F(u) \qquad (3.3)$$

という方程式を提出することができ，$g(P)$ と u との間にはトレード・オフの関係のあることが結論できるからである．しかしながら短期的には β が 1 よりも小さいことはあり得るとしても，長期間にわたって $g(P)>g(P^e)$ を可能にする期待形成を承認することは不自然である．その意味において，フリードマンの言うように，

　「インフレーションと失業との間の短期のトレード・オフは存在するが，長期のトレード・オフは存在しない」（[7] p.161）

と言うべきであろう．

　犠牲比率　　インフレ対策の関連で用いられる用語に「犠牲比率」sacrifice ratio とよばれるものがある．これは 1 ％のインフレ率の引き下げに必要とされる実質 GNP の減少率を意味し，最近のアメリカ合衆国では 5 ％である．他方，われわれは先に「オークンの法則」について言及した（第Ⅱ篇 1 章 3 節）．アメリカの経験では失業率が 1 ％増大すると実質 GNP は 3 ％減少するというのがその内容である．そこでこのオークンの法則と犠牲比率の数値を組み合わせると，アメリカでは，

1％のインフレ率の引き下げ→5％の実質GNPの下落→約2％の失業率の増大

となる．すなわち，1％のインフレ率の抑制には約2％の失業率の増大を必要とするのであって，これによってわれわれは，インフレ抑制の労働市場に及ぼすマイナスの効果の重大さを知ることができる．

2　マネタリストの経済モデル

線型の総需要曲線　われわれは先に，古典学派およびケインズ学派がともに受諾可能な共通モデルとして$I=S$曲線および$L=M$曲線を提出し，Mを外生変数とする「総需要関数」，すなわち

$$Y = D(\underset{\oplus}{M}, \underset{\ominus}{P}) \tag{3.4}$$

を導出した（第I篇2章1節）．もちろん，このようなモデルの承認はマネタリストに対しても妥当する．既に明らかにしたように，このD関数のYはMとPとが同一の率で変化する限り変化しない．すなわちD関数はMとPに関してゼロ次同次である．従って

$$Y = D\left(\frac{M}{P}, 1\right) \tag{3.5}$$

となる．換言するとYは実質貨幣供給量M/Pのみに依存する．そこで記号を次のように定める．

$$y \equiv \log Y$$
$$m \equiv \log M$$
$$p \equiv \log P$$
$$p^e \equiv \log P^e$$

さらにM/Pの変化がYに及ぼす効果の弾力性をαで示すならば，(3.5)にかえてわれわれは

$$y = \alpha\{m-p\} \tag{3.6}$$

を提出することができる．これは諸変数を対数に変換した場合の直線の総需要曲線を示したものであって，本質的には(3.5)と同一のものである．われわれがこのように線型の総需要曲線を提出するのは，本質を見失うことなく以下の分析をできるだけ容易にする単純化のために他ならない．

ルカス型供給曲線　総需要曲線に対応するのは総供給曲線である．労働の完全雇用所得を Y_n で示す（第II篇1章2節ではこれを Y_e で示した．概念的には Y_n は Y_e に等しい）[4] として Y_n の対数を改めて

$$y_n = \log Y_n$$

で示すならば，セイの販路法則の成立を前提にする古典学派の世界では

$$y = y_n$$

が成立する．しかるに前章でわれわれは P と P^e （または $g(P)$ と $g(P^e)$）の間に乖離のあり得ることを述べた．そこでこの関係を，β をプラスのパラメーターとして，最も簡単に

$$y = y_n + \beta\{p - p^e\} \qquad (3.7)$$

で示し，そのような定式化を最初に明示した経済学者の名前を冠してこれを「ルカス型総供給曲線」Lucas aggregate supply function と名づける．

適応的期待形成　以上で対数線型の総需要曲線および対数線型の総供給曲線が提出された．そこで(3.6)と(3.7)とを連立させる．この時，m および y_n を外生変数とするならば，未知数は y, p, p^e の3個である．未知数に対して方程式の数が1個不足している．しからばわれわれの体系を完結させるためにはいかなる方程式を追加すべきなのであろうか．この設問に対してわれわれはまず「適応的期待」adaptive expectation による期待価格形成の方程式

$$\Delta p^e = \lambda\{p - p^e\} \qquad (3.8)$$

を提出することができる．ここで λ は

$$1 \geqq \lambda \geqq 0$$

の範囲内で決まるパラメーターである．この方程式は一期前に形成した期待価格と現在の価格水準とを比較し，もし $p > p^e$ ならば期待水準は現在の水準よりも低すぎた（反対に $p^e > p$ ならば期待水準は現在の水準よりも高すぎた）のであって，期待価格を現実価格にできるだけ一致させるよ

---

4) われわれは先に古典学派での労働の完全雇用産出量を Y_e で示し，それがケインズの意味での非自発的失業の存在しない状態と同義であることを確認した．その意味でわれわれは失業率が自然失業率である場合の産出量を Y_n で示したが，Y_n と Y_e とは概念的には同一のものに帰着する．

第3章 マネタリストの自然失業率仮説

うに修正することを主張しているのである．λ はその際の修正係数に他ならない．

マネタリストの経済モデル さて，以上でわれわれは総需要曲線・総供給曲線・適応的期待仮説による価格形成の方程式の三個の方程式，すなわち

$$y = \alpha\{m-p\}$$
$$y = y_n+\beta\{p-p^e\}$$
$$\Delta p^e = \lambda\{p-p^e\}$$

を提出した．そしてこれこそが適応的期待仮説の下でのフィリップス曲線に依拠したマネタリストの経済モデルに他ならないのである．再度言えば，この方程式体系では α，β，λ，m，y_n はすべて所与とされるパラメーターである．そしてわれわれはこの三個の方程式によって，y，p，p^e の三個の未知数を決定し得るのである．

動学的安定性 さて，このマネタリストの経済モデルの特性をみるために，まず(3.6)=(3.7)とおいて整理すると

$$p = \frac{\beta}{\alpha+\beta}p^e+\frac{1}{\alpha+\beta}\{\alpha m-y_n\} \qquad (3.9)$$

が成立する．いま，

$$\alpha m-y_n \equiv A > 0 \qquad (3.10)$$

を仮定しよう．これは所与の α および y_n に対して充分に大きな貨幣供給量 m を与えることによって常に可能である．第10図は横軸に p^e，縦軸に p を測定した場合の p^e と p との関係を示したものである．この図の右上がりの太線の直線は(3.9)の状態を示している．そしてこの直線の傾きは

$$1 > \frac{\beta}{\alpha+\beta} > 0$$

によって45度よりも小である．従ってこの直線は第一象限において45度線と交点 e をもつ．いま，経済の局面が a 点におかれていたとしよう．a 点は45度線よりも上方に位置しているから，p は p^e よりも大である．しかるに上記の(3.8)によって $p>p^e$ ならばその差に対して λ の率をもって p^e

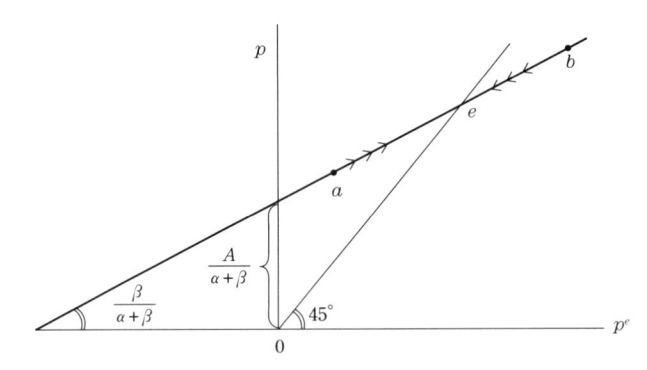

第10図　マネタリスト経済モデルの動学的安定性

は上昇することになる．このようにして経済は a 点から e 点に向かって移動する．適当な修正を加えると，経済の局面が b 点におかれた場合にも同様に経済は b 点から e 点に向かって収束するのである．かくしてこれより，e 点が動学的に安定な均衡点であることが結論される．論じるまでもなく e 点では $p=p^e$ であり，従って

$$y = y_n$$

が成立する．すなわち労働の完全雇用が実現するのである．これはまさにセイの法則の世界に他ならない．

3　フリードマンの x %のルール

安定化政策のための基礎　われわれは先に経済安定化の目標を社会的損失関数を極小にすること，すなわち

$$E\{(Y_t - Y_n)^2\} \to \text{Min}$$

であるとした．もちろん，Y および Y_n の変数をそれぞれの対数 y および y_n によっておきかえても差し支えない．そしてわれわれは第10図において，もし $A/(\alpha+\beta)$ にして一定ならば経済は政府からの支援がなくても自動的に $p=p^e$ の状態に収束し，それ以降は e 点にとどまり続けることを明らかにした．かくして $A/(\alpha+\beta)$ を一定に維持することが経済安定化のための基礎となるであろう．もし α および β にして一定ならば，このことは A を一定に維持することによって実現する．そして(3.9)から

明白なように，それは y_n の大きさに合わせて m を増大させればよい．フリードマン自身によっては明示されていないけれども，これが貨幣供給量に関するフリードマンの x ％のルールである．以下，その具体的内容を検討しよう．

x ％のルール　貨幣数量説に依拠する古典学派の体系において，貨幣需要量が貨幣供給量に等しい状態に注目すれば

$$M = kPY$$

である．論じるまでもなく k は「マーシャルの k」である．上述したようにマネタリストの体系では Y は完全雇用産出量 Y_n に等しくなることが前提にされている．従って

$$M = kPY_n$$

が成立する．あるいは両辺の変化率をとれば

$$\frac{\Delta M}{M} = \frac{\Delta k}{k} + \frac{\Delta P}{P} + \frac{\Delta Y_n}{Y_n}$$

となる．ここで Y_n の変化率は R. ハロッドの経済成長論の用語での「自然成長率」である．具体的にはそれは技術進歩によって可能となる年々の労働生産性の増加率と労働人口の増加率を加えたもの，すなわち

$$\frac{\Delta Y_n}{Y_n} = 自然成長率 = 生産性増加率＋人口増加率$$

である．かくして物価水準を一定にしておくためには，貨幣需要量＝貨幣供給量を前提にして，M を k の変化率と自然成長率の合計に等しくなるように増加させなければならない，ということになる．

マネタリストの基本的観点　現代のマネタリストは，貨幣の所得速度 k を一定とみなすのではなく，それが変化する場合でもその「予測可能性」を前提にしていることに特徴がある．しかし k の動きは，金融自由化などの制度的変革によってのみならず，証券市場における弱気・強気の変化によっても攪乱され，毎年の変化を予測することは決して簡単な作業ではない．従って実行可能な処方策は，M を自然成長率で成長させ，もしインフレ率がプラスならばその分だけ M の増加率を引き下げ，反対に

インフレ率がマイナスならばその分だけ M の増加率を引き上げることであろう．しかしながらその主張の基礎にあるのは，価格のもつ需給調節機能を通じて労働の完全雇用が実現するとする「セイの販路法則」の妥当性である．そして $P=P^e$ が成立するように M を所定の率で増大させることが重要な政策課題となるのである．

第4章

合理的期待学派の諸命題

───────

1 適応的期待と合理的期待

適応的期待への疑問 前章でわれわれは，マネタリストの依拠する期待価格形成の仮説を

$$\Delta P^e = \lambda \{P - P^e\} \tag{4.1}$$

によって示し，λ のとり得る数値の範囲を

$$1 \geqq \lambda \geqq 0$$

とした．では，(4.1)の適応的期待仮説は合理的な経済人の行動を示していると言えるのであろうか．もし人々が合理的であるならば，P^e が現実の P に等しくなるように100％の努力をするであろう．その際に生産者は，P^e の決定についてこれまでの P に関する時系列だけではなく，P の決定に参加するその他の多くの情報を入手するように努めるであろう．例えば農産物の価格であれば，単に過去から現在に至るまでの農産物価格のデータだけではなく，予想される天候や気象の状況・人々の趣好の変化の問題などがあり，先端的ハイテク製品であれば新規に生産される新商品の出現などの可能性がそれである．従って適応的期待仮説(4.1)に対しては必要とされる情報を価格にのみ限定するのは，たとえそれが期待価格形成の方式の第一次的接近であるとしても，合理的経済人の行動原理からそれは容認しがたい難点を含んでいるのである．換言すると，適応的期待仮説による期待価格形成の方式には企業者の利潤極大の行動の観点が欠落している．ここに適応的期待に対する合理的期待学派の主張の根拠が存在する．

合理的期待仮説 以下に述べる合理的期待の仮説をマクロ経済学のフレーム・ワークの中に導入して「ニュー・クラシカル・マクロエコノミッ

クス」New Classical Macroeconomics の先導を切ったのは R. ルカスである．しかしその根源となったのは1961年にエコノメトリカ誌に発表された J. ミュースの論文（[16]）である．その論旨は次のようである．いま，右上がりの供給曲線と右下がりの需要曲線で示される一産業において，その時々の供給量が与えられるとすれば需要曲線上の一点と一致するように一時的均衡価格が決まり，そのようにして決まった価格を所与として次期の供給量が決定されるモデルを考えてみる．これは周知の「クモの巣」のモデルに他ならない．しかしミュースによれば，このような生産者の行動は合理的ではない．なぜならば，たとえ生産者が市場価格に対する支配権をもっていない場合でも，そのつどに変化する市場価格をプライス・テーカーとして受け入れるだけでは，そこには企業の予想形成への考慮が全く欠落しており，それは決して合理的な企業者行動とは言えないからである．そしてミュースは既存の情報を解析し合理的予想を立てる企業者の期待形成の考え方を経済理論の中に導入するのである．その基本的考え方は，次の立言に明示されている（[16] p.333）．

「合理的期待仮説は，経済全体として，期待価格は現実の価格の「不偏推定量」an unbised prediction とみなすことである」．

ミュースは，その仮説の帰結を

$$P_t = P_t^e + \nu_t \qquad (4.2)$$

によって提示する．ここで ν_t は "white noise" の性質をみたす撹乱項である[5]．そこで(4.2)の両辺の期待値をとれば

$$E(P_t) = P_t^e \qquad (4.3)$$

を得ることができる．$E(P_t)$ は P_t の平均値（すなわち客観的期待値），P_t^e はその主観的期待値に他ならない．かくしてこれより，ミュースの意

---

[5] 「パラメーター（母数）θ の推定量 $\hat{\theta}$ が次の条件をみたすとき，$\hat{\theta}$ を母数 θ の不偏推定量という．

$$E(\hat{\theta}) = \theta$$

これは推定方程式 $\hat{\theta}$ を使って同じ母集団から繰返し母数 θ の推定値を計算するとき，その推定値の平均が結局母平均に等しくなるということである」（森田優三『統計概論』新版，1964，p.295）．

さらに1.2の残差項 ν_t に関してその平均値 $E(\nu_t)$ がゼロでその分散が等しくかつ ν_t と時点を異にする ν_{t+s} が相関関係をもたないとき，ν_t は "white noise" であるという．

味での合理的期待は「客観的期待値は主観的期待値に等しい」ことを主張しているのである．

2　合理的期待学派の経済モデル

総需要曲線と需要ショック　前章でわれわれはマネタリストの経済モデルを提示したが，その際にケインズ経済学の $I=S$ 曲線および $L=M$ 曲線から導かれる総需要曲線をマネタリストにも適用可能なものとして前提にした．そしてその具体的な関数型として最も簡単な対数線型の方程式
$$y = \alpha\{m-p\}$$
によって示した．もちろん，「共通モデル」としてこの方程式はそのまま合理的期待学派においても妥当する．しかし先に進む前にこの方程式を
$$y = \alpha\{m-p\}+\delta \tag{4.4}$$
の形に書き改めておくことにしよう．ここで δ は「需要ショック」demand shock とよばれる攪乱項のすべてを一括した "white noise" である．δ に関して若干の具体例を挙げると，次のようなものがある．

(1) 景気対策との関連で変化する貨幣供給量の一時的変動
(2) 証券市場における弱気筋または強気筋の発達によって生じる貨幣需要関数の一時的シフト
(3) 景気の変化によって生じる企業の投資活動の攪乱的変動
(4) 国際貿易の存在を考慮すれば，輸出関数あるいは輸入関数における一時的攪乱要因の発生
(5) 政府部門の存在を考慮すれば，政策的考慮に基づく税率の一時的変更や政府支出の攪乱的変動．

(4.4)における δ が需要ショックとよばれるのは，それが総需要曲線の変動を示す攪乱項であるからである．

労働者の誤認モデル　前章のマネタリストの経済モデルにおいてわれわれはルカス型供給曲線を前提にした．合理的期待学派の場合にもそれは共通に前提される．しかし前節ではなにゆえに P と P^e とは異なり得るかについて明示的な言及を行なわなかった．それに対する一つの回答は「労

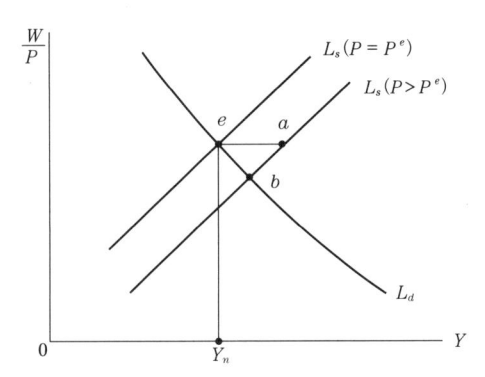

第11図 古典学派における労働者の誤認モデル

働者の誤認モデル」worker-misconception model とよばれるものがある（その平易な解説として（[15] pp.291-93）を参照せよ）．これは，名目賃金率と物価水準とがともに同一の率で上昇している場合（従って実質賃金率は不変にとどまっている），労働者が物価水準の上昇率を実際よりも低く予想し，従って実質賃金率が上昇していると誤認し，一時的に労働供給曲線が右方にシフトしている場合に生じるようなケースである．第11図がこのことを示している．この図で L_d は古典学派体系における周知の労働需要曲線である（第Ⅰ篇4章1節の第7図参照）．これに対して右上がりの L_s は労働供給曲線を示し，それぞれ $P=P^e$ の場合と $P>P^e$ の場合とが図示されている．いま，経済が e 点におかれていたとしよう．この時には $P=P^e$ であって産出量は Y_n （＝労働の完全雇用産出量）であり，経済は古典学派的均衡状態の下にある．しかるに労働者が物価水準を実際よりも低く予想するならば，労働供給曲線は一時的に右方にシフトする．なぜならば労働者は現行の実質賃金率に比べて従来よりも多くの労働量を供給してもよいと判断するからである．かくして経済は e 点から a 点にシフトする．しかし a 点では労働は超過供給であるから，超過供給の発生は実質賃金率を低下させ，経済は a 点から b 点に移動する．b 点は労働者の物価水準に対する誤認を含んだままでの労働市場の需給均衡の状態である．そして労働者の物価水準に対する誤認が続く限り経済は b 点にとどまり続け，現実の産出量 Y も Y_n をこえるのである．かくしてこの状態を方程式の形で書けば（変数はすべて対数に変換することにして）

第4章 合理的期待学派の諸命題

$$y = y_n + \beta\{p - p^e\} \qquad (4.5)$$

であり,これがルカス型供給曲線の一つの定式化に他ならない.

不完全情報モデル　ルカス型供給曲線の導出については,ルカス自身によって提示された「不完全情報モデル」imperfect information model がある([12]).これは,隔離された多数の島があり,それぞれの島では一種類の生産物が自由競争のルールに従って生産されかつ他の企業の生産した多くの生産物が消費されているようなモデルである.いま,それぞれの島の生産者たちは自分の生産する生産物の価格については詳しい情報はもっているが,他の生産物については不完全であるとしよう.そこで全面的な物価上昇に直面した場合に各生産者は,それを自分に有利に相対価格が展開したものと誤認し,これまで以上に生産物を生産すると仮定するのである.もしすべての生産者がこのように行動するとすれば,生じる事態は正に上述の(4.5)によって示されるようなものである.もちろん,市場価格についての正確な情報が完全に伝達されるようになれば誤認の情報が修正され,経済は再び元の均衡状態に戻る.しかしそれまでは y は y_n を超えるのである.

総供給曲線と供給ショック　上でわれわれは総需要曲線に需要ショックの要因を導入したが,同様に(4.5)のルカス型総供給曲線にも攪乱項を導入し,それを

$$y = y_n + \beta\{p - p^e\} + \varepsilon \qquad (4.6)$$

の形に書き改めることができる.ここで ε は「供給ショック」supply shock とよばれる攪乱項である.再びここで ε についての若干の例を挙げるならば,次のようなものを指摘することができる.

(1) 新しい生産方法や新しい生産物の発見による生産革新の導入
(2) オイル・ショックで表徴される輸入財価格の一時的変動
(3) 労働組合の消長による労働供給条件の変化
(4) 自然条件によって支配される穀物生産物の価格変動.

論じるまでもなく ε_t は "white noise" である.

合理的期待学派の経済モデル　さて,以上で提示された合理的期待学派の経済モデルは,次の方程式体系によって示すことができるであろう.

$$y = \alpha\{m-p\}+\delta \qquad (4.7)$$

$$y = y_n+\beta\{p-p^e\}+\varepsilon \qquad (4.8)$$

$$p^e = E(p) \qquad (4.9)$$

ここにはy,pおよびp^eの三個の変数(mおよびy_nは所与のパラメーター)に対して三個の方程式が用意されており,これによってこの体系は自己完結している.われわれは前章の第3節でマネタリストの経済モデルを定式化したが,容易に分かるように,マネタリストと合理的期待学派の唯一の相違点は前章の(3.8)と本章の(4.9)との相違に存在する.しかしながら以下に述べるように,適応的期待の立場をとるか合理的期待の仮説を採用するかは経済政策の運営に対して重大な相違をもたらすのである.

3　政策無効性命題

一つの誘導型　以上の合理的期待学派の経済モデルにおいて(4.7)=(4.8)と置いて整理すると,次の誘導型が成立する.

$$p = \frac{\alpha}{\alpha+\beta}m+\frac{\beta}{\alpha+\beta}p^e-\frac{1}{\alpha+\beta}y_n+\frac{1}{\alpha+\beta}(\delta-\varepsilon) \qquad (4.10)$$

目下のところわれわれはmおよびy_nを外生的条件と想定している.従ってmおよびy_nの平均値(予想値)はそれぞれmおよびy_nである.そこで,(4.10)の両辺の平均値Eを求めると,$E(p^e)=p^e$であるから,次式が得られる.

$$E(p) = \frac{\alpha}{\alpha+\beta}m+\frac{\beta}{\alpha+\beta}p^e-\frac{1}{\alpha+\beta}y_n \qquad (4.11)$$

なぜならば,δとεの平均値はゼロ,すなわち

$$E(\delta) = E(\varepsilon) = 0 \qquad (4.12)$$

だからである.しかるに合理的期待の仮説によって(4.9)が成立するから,(4.11)は

$$p^e = \frac{\alpha}{\alpha+\beta}m+\frac{\beta}{\alpha+\beta}p^e-\frac{1}{\alpha+\beta}y_n \qquad (4.13)$$

となる．そこで(4.10)の両辺から(4.13)を辺々控除するならば，次式の成立を見るのは容易であろう．すなわち

$$p - p^e = \frac{1}{\alpha + \beta}(\delta - \varepsilon) \qquad (4.14)$$

である．そしてこれよりわれわれは，p と p^e の乖離が純粋にランダムの項目 δ および ε に依存していることを知るのである．

政策無効性命題　さて，この最後の方程式を上述の(4.6)に代入して整理すると，次式が成立する．

$$y - y_n = \left(\frac{\alpha}{\alpha + \beta}\right)\varepsilon + \left(\frac{\beta}{\alpha + \beta}\right)\delta \qquad (4.15)$$

論じるまでもなくこの方程式の右辺の項目はすべて純粋にランダムな項目であるから，このことから，時間の経過を通じて y が y_n と異なることがあり得るとしても，それは一時的にすぎず，y が「系統的に」y_n と異なることはない，と結論されるのである．かくしてこれより，例えば政策当局者が系統的に y を y_n よりも大きな水準に維持しようとしても，人々が合理的期待に従って行動する限り，それはすべて無効に帰せられてしまう，と結論される．明白なようにこれはケインズ学派の積極的需要管理政策に対する無効宣言を意味している．これを経済安定化のための政策当局者の積極的介入政策に対する「政策無効性」policy ineffectiveness または「政策中立性」policy neutrarity の命題という．

安定化政策の課題　さらに次のことが明らかである．いま，(4.15)の両辺の分散 V を計算すると

$$V(y - y_n) = \left(\frac{\alpha}{\alpha + \beta}\right)^2 V(\varepsilon) + \left(\frac{\beta}{\alpha + \beta}\right)^2 V(\delta) \qquad (4.16)$$

が得られる．しかるにわれわれは経済安定化政策の課題は y と y_n との分散 $V(y - y_n)$ を出来るだけ小さくすることであるとした（第II篇1章3節）．明白なようにそれは上記の(4.16)によって，所与の α と β の下で ε および δ の分散，すなわち $V(\varepsilon)$ および $V(\delta)$ をできるだけ小さくすることによって実現されることが知られる．すなわち，人々が合理的期待で行

動している場合，経済安定化のためには需給ショックの δ および供給ショック ε の分散をできるだけ小さくするように経済政策を運営することがポイントとなるのである．ここに裁量主義的政策運営によるのではなく基本的にはルールに基づいた政策運営を求める主張の根拠が存在する．そのような観点からすれば，たとえ一時的にせよ y を y_n よりも高い水準に維持しようとするマネタリストの主張も拒否されるのである．換言すれば，同じくセイの販路法則の教義に立脚しながら合理的期待学派はマネタリストの総需要管理政策に対しても批判的立場に立っているのである．

4　政策評価命題——「ルーカスの批判」

ルーカスの批判　　以上で合理的期待学派の政策無効性命題が明らかにされた．次に伝統的手法に対する合理的期待学派からの第二番目の批判点をとりあげよう．通常，計量経済学的手法による経済モデルの構築は過去のデータに依存してなされる．しかるに合理的期待の立場からは，経済政策の方式が変化するならばそのような伝統的手法による政策評価は不可能となり得ることが主張されるのである．そしてそのような問題点を提示した経済学者の名前を冠してこれを「ルーカスの批判」Lucas critique という．

恒常所得仮説の消費関数による設例　　ルーカスの批判を例示するために，M.フリードマンの「恒常所得仮説」による消費関数をとりあげよう．この仮説によれば，今期の消費支出 $C(t)$ は過去から現在に至るまでの所得系列から求められる「恒常所得」permanent income $Y_p(t)$ に依存し，恒常所得は

　　「現在までの所得系列を過去に遡れば遡るほど減少するようなウエイトで加重平均したもの」（[8] p.427）

である．すなわち，それは

$$Y_p(t) = \sum_{\theta=0}^{\theta=\infty} \alpha^\theta Y(t-\theta) \tag{4.17}$$

で計算されるようなものであって，ここで δ＝時間割引率＞0 とする時，

$$\alpha = \frac{1}{1+\delta}$$

である．そしてフリードマンは

$$C(t) = k \cdot Y_p(t) \tag{4.18}$$

の方程式を提出する．ここで k は消費選択に影響を与える諸要因によって決定されるパラメーターであるが，恒常所得からは独立しているとされる．

ランダム・ウォークのケース　政府の行なう経済政策のルールとして二通りのものを考えてみよう．第一は今期の国民生産物 $Y(t)$ を一期前のそれ $Y(t-1)$ に等しくさせる方式である．もちろん，その場合においても攪乱項の存在を排除することはできない．従ってこの方式は

$$Y(t) = Y(t-1) + \nu(t) \tag{4.19}$$

によって示される．ここで ν は "white noise" である．一般にこれは「ランダム・ウォーク」random walk の方式とよばれる．しかるに人々の期待が合理的ならば，

$$E(Y(t)) \equiv Y^e(t) = Y(t-1) \tag{4.20}$$

が成立する．なぜならば，第 t 期では一期前の $Y(t-1)$ は所与のパラメーターで既にその大きさは知られているからである．従ってすべての θ について

$$Y^e(t+\theta) = Y^e(t+\theta-1) = \cdots = Y^e(t) = Y(t-1) \tag{4.21}$$

が成立する．そこでこれを上の(4.17)および(4.18)に代入して整理すると，われわれは

$$C(t) = k\{Y(t) + \alpha Y(t-1) + \alpha^2 Y(t-2) + \cdots\} = \frac{k}{1-\alpha} Y(t-1) \tag{4.22}$$

を得ることができる．かくして所得系列が(4.19)のランダム・ウォークに従うならば消費支出は一期前の所得に比例することになり，過去のデータからこのような関数を推定することには何らの困難も存在しない．

完全雇用維持のケース　さて,以上のランダム・ウォークの方式に対して,次に政府の経済政策が年々の Y を完全雇用所得 Y_n の水準に維持するようなものであるとしよう.その政策を

$$Y(t+\theta) = Y_n + \mu(t+\theta) \tag{4.23}$$

で示す.ここで μ は"white noise"であり,Y_n は所与のパラメーターであると想定する.そこで両辺の平均値をとれば,すべての θ について

$$E(Y(t+\theta)) \equiv Y^e(t+\theta) = Y_n \tag{4.24}$$

が成立する.従って人々の期待が合理的ならば(4.24)が成立するのである.かくしてこの関係を(4.17)に代入して整理するならば

$$C(t) = k\{Y_n + \alpha Y_n + \alpha^2 Y_n + \cdots\} = \frac{k}{1-\alpha} \cdot Y_n \tag{4.25}$$

が従う.すなわち,人々は,その期待が合理的ならば,所与の Y_n に対してその一定割合を消費するように行動することになる.

係数内生化と政策評価命題　さて,消費関数の計測において,ロバートソン流の時の遅れをもった線型のケインジアンの消費関数

$$C(t) = a + bY(t-1) \tag{4.26}$$

の方程式が提出されたとしよう.通常に行なわれる計測の方法は,過去のデータから a および b を推定し,それに対して統計学的検定を加えるという方式である.しかるに政策当局者の経済政策の方式が(4.19)で記述されるランダム・ウォークであるならば,得られるパラメーター a および b の計測結果は,人々の期待が合理的な場合には

$$a = 0, \ b = \frac{k}{1-\alpha} \tag{4.27}$$

となる.これに対して政策当局者がランダム・ウォークの方針から完全雇用の方式にその方針を変更し,そのような方式の変更が広く理解されて逆転の可能性がないとすれば,パラメーター a および b は

$$a = \frac{k}{1-\alpha} Y_n, \ b = 0 \tag{4.28}$$

となる.かくしてこれより,経済政策のルールの変更は人々の合理的期待の行動を通じて計量経済モデルの係数を内生的に変化させることになるの

である．これを経済政策のルールの変更による「内生的係数変化」coefficient endogeneity と言う．そしてわれわれは合理的期待の下において経済政策の変動効果が基本的に政府の採用する経済政策のルールに依存しているという命題を「政策評価命題」policy evaluation proposition と名づけるのである．これは上述の政策無効性命題とともに，合理的期待学派の経済分析を支える重要な理論的支持である．

第5章

結語的要約

1 合理的期待学派に対する評価

正しい経済モデルの学習問題　以上でわれわれは合理的期待から導かれる二つの命題を分析した．この中で第二の「政策評価命題」は，セイの販路法則を前提にする第一の「政策無効性命題」とは異なって市場の需給均衡の仮説とは無関係であり，その意味では政策無効性の命題の有効性が否定されても，なおその正当性を主張できるのである．しかしながら主観的期待値は客観的期待値に等しいとする合理的期待の基本的仮説に対しては次のような疑問が投ぜられるであろう．

"Clearly several objections can be raised against this hypothesis. First, one of the more serious objections concerns the severe knowledge requirements necessary for the assumption that economic agents form their expectations according to the relevant body of economic theory. Economic agents must have knowledge of the 'true' economic model including the time path of responses of the economy to economic disturbances. There are, of course, many controversies about the 'true' economic model. It is possible to argue that agents can derive some information second-hand from published forecasts and commentaries in the news media. In this case the problem becomes one of discerning which is the correct view when, as is often the case, forecasts differ." ([20] p. 200).

情報伝達の学習時間　もし人々が「正しい経済モデル」を等しく認識

第5章 結語的要約

できなければ，合理的期待仮説はその正当性を主張し得ないであろう．もちろん，間違った判断を下した場合に人々がそれを是正してその平均値を言いあてるのに適合的な「正しい経済モデル」を習得することができるならば，合理的期待仮説は妥当性を主張することが可能である．しかしながら「正しい経済モデル」を認知するまでに少なからざる経験学習の時間の経過を必要とするならば，その本質においてそれはフリードマン流の適応的期待のモデルと本質的相違は存在せず，短期的な需要管理政策はその有効性を主張し得ることになる．

市場価格の硬直性　さて，上述の政策無効性命題の主張においてわれわれはセイの販路法則を前提にした．それは基本的に生産物価格および賃金水準の伸縮的変動を前提にしている．しかしながらこれに対しては次のような批判が投ぜられるであろう．

"A second serious objection arises because in many cases agents are prevented from altering their behaviour in response to changed expectations due to the existence of contracts. These contracts may be explicit or implicit as in the case of wage agreements. In such circumstances economic policy retains the power to influence the level of output and employment." ([20] pp.200-201).

新ケインズ学派の立場　われわれは上述の労働者の誤認モデルにおいて，労働者が物価水準の上昇率を実際よりも低く予想した場合には現実の失業率は自然失業率よりも低くなり得ることを示した．これに対して例えば米国の労働市場にみられるように，貨幣賃金率が契約によって多数年にわたって固定されている場合，その間にたとえ物価水準が上昇し，それを労働者が正しく認識していても（従って実質賃金率が下落したことが認識されていても），労働供給は変化しないであろう．そして実質賃金率の下落によって企業が雇用拡張を行なうならば，一時的な経済拡張の効果が生じるかもしれないのである．しかしこのような契約による貨幣賃金率の決定と類似の現象はその他の多くの生産物市場においても存在している．従ってたとえ期待形成が合理的であっても，もし賃金や価格が非伸縮的であ

ったとすれば，需要管理政策の余地は残されるのである．そしてこの問題について最近，「新ケインズ学派」New Keynesian とよばれる人々の研究活動の動向が注目されている．その主要な論点はケインズが不充分にしか分析しなかった貨幣賃金率や生産物の市場価格の硬直性の現象を労働者や企業者の合理的行動からの必然的帰結として分析し，ケインズの「非自発的失業」に対して合理的解明を与えること，に存在する．

マクロ経済学のミクロ経済学的基礎づけ　次のように論じ得るであろう．

"Though different economists disagree about the relative weight that they assign to the variety of forms of imperfections (imperfect risk and capital markets, imperfect information, imperfect competition, adjustment costs). New Keynesian economists all agree that these 'imperfections' exist, are important, and, together, can account for macroeconomic phenomena—and the effect of government policy—better than the alternative 'perfect market' models."
([2] p.46).

これらについてはすでにすぐれた解説論文が発表されている（例えば [2]，[15]）．そしてこれからも新ケインジアンの研究路線に添った新しい研究の展開が継続されてゆくであろう．その分析課題は，ケインズの「有効需要の原理」の命題を極大化行動のミクロ経済学的分析手法で構築すること，すなわちその基本的課題は

(a) 非自発的失業または不完全雇用均衡は可能であり，

(b) 需要管理政策は有効である

という命題をミクロ経済学的視野の下で正当化することに存在するのである．

2　古典派第一公準とケインズ経済学

派生需要としての労働需要　本論稿の全体を通じてわれわれは古典学派と対比した場合のケインズ学派の特徴をヒックスの「固定価格法」ある

第5章　結語的要約　　　　　　　　　　199

いはフリードマンの外生的価格水準の設定にあることを前提にして，有効需要論に立脚した産出量決定の分析を行なってきた．第Ⅰ篇3章におけるフル＝コスト原理による価格決定の分析はケインズ学派に適合的な供給価格曲線の一つの定式化に他ならない．しかしフル＝コスト原理における不満足な論点は企業の利潤加算率と企業の利潤極大化の行動との関係が曖昧に残されているということにある．新ケインズ学派の研究課題の一つはまさにこの論点に焦点をあてることにある，と言ってよい．しかしここで最後にわれわれは，古典派雇用理論の第一公準とケインズ経済学の関連について一言し，本論稿を閉じることにする．上述したように古典学派は「賃金は労働の価値限界生産物に等しい」という命題を提出し，ケインズはこれを古典学派雇用理論の第一公準とよんだ（第Ⅰ篇4章1節）．この命題は実質賃金率が与えられると，それが労働の限界生産力に等しくなるように雇用量が決定されることを主張している．われわれはそのような主張を「実質賃金率による雇用決定論」とよんだ．これに対してケインズは

　　　「消費性向と投資量とがあいまって雇用量を決定し，そして雇用量は
　　　実質賃金の一定水準と一義的に関連しているのである――その逆の関
　　　係ではない」（[9] p.31）

と論じた．この立言は，労働に対する需要は有効需要からの「派生需要」derived demand に他ならず，実質賃金が雇用量を決定する要因ではないことを明示しているのである．われわれはこれを「有効需要による雇用決定論」とよんだ．

第一公準とケインズ　　所与の技術体系の下で，もし労働生産性と実質賃金率とが一対一の対応関係をもち，労働生産性と労働限界生産性との間に一対一の対応関係が存在するならば，雇用量の増大が実質賃金率の下落を随伴するという命題は正当である．しかしこのことは実質賃金の下落が雇用増大の「原因」であることを意味しない．これに対してケインズは有効需要論の立場から雇用決定の派生需要論を主張しつつも，古典学派の第一公準に対して，これを「雇用に対する需要表」と規定した上で（[9] p.7）明白な支持の見解を表明したのである[6]．そして今日でも，古典学派の第一公準とケインズの有効需要による雇用決定論の関係をどのように

理解すべきかについて，まだ最終的な決着には至っていない[7]。もちろん，それにはケインズほどの権威者の発言の重みが伏在している．最後にわれわれは，『一般理論』のフランス語版の訳者の言葉を引用し，本稿を閉じる．

"The classical theory of the real wage is not an essential, nor even a neccessary, element of the *General Theory*. It can be discarded without any disadvantage. Its elimination would even strengthen the practical conclusions of the *General Theory,* as Keynes pointed out three years after the publication of the work (see *Economic Journal*, March 1939)." ([10] p.6).

---

6) J.トービンは最近の論稿で，ケインズの原典に忠実な限りケインズの第一公準に関する叙述を「無効視」し得ないと論じている．([19], p.7) を参照せよ．

7) 古典学派の第一公準を容認したケインズに対する批判的論文が雑誌 *Journal of Post Keynesian Economics* を舞台にして発表されているが ([3], [5], [14] を参照)，例えばJ.ブロスウェルは古典学派の第一公準を容認したことをケインズ経済学の「根本的誤謬」であると論じ，「この新古典学派の限界生産力説への不必要な譲歩は大きな災害であった」と結論づけている ([3], p.538).

第IV篇　参照文献

[1]　荒憲治郎『マクロ経済学講義』1985，創文社．
[2]　Benassi, C. A. Clis and C. Colombo, *The New Keynesian Economics*, 1994.
[3]　Brothwell, J., "The General Theory after fifty years: why are we not all Keynesian now?", *Journal of Post Keynesian Economics* 8 (1), 1986, pp. 534-47.
[4]　Brown, A. J., "UV Analysis," in *The Concept and Measurment of Involuntary Unemployment* (ed. by G. D. N. Northwick), 1976.
[5]　Davidson, P., "The Marginal Product is not the demand curve for labour and Lucas'e labor supply curve is not the supply of babour in the real world," *Journal of Post Keynesian Economics* 6, 1983, pp. 105-17.
[6]　Friedman, M., "The Role of Monetary Policy," *A. E. R.* March 1967, pp. 1-17（新飯田宏訳『インフレーションと金融政策』1972）.
[7]　Friedman, M., *Unemployment vs Inflation?, An Evaluation of the Phillips Curve: with a British Commentary by D. Laider,* 1975（保坂直道訳『インフレーションと失業』1978）.
[8]　Friedman, M., *A Theory of Consumption Function,* 1957（宮川・今井訳『消費関数の経済理論』1961）.
[9]　Keynes, J. M., *The General Theory of Employment, Interest and Money,* 1936（塩野谷祐一訳『雇用・利子および貨幣の一般理論』1995）.
[10]　Lagentye, Jean de, "A Note on the General Theory", *Journal of Post Keynesian Economics*, 1979, vol. 1, No. 3, pp. 6-15.
[11]　Lucas, E. R. Jr., "Expectation and the Neutrality of Money," *Journal of Economic Theory*, April 1972, pp. 103-24.
[12]　Lucas, E. R. Jr., "Some International Evidence on Output-Inflation Trade-offs", *A. E. R.*, June 1973, pp. 326-34.
[13]　Lucas, E. R. Jr., "Econometric Policy Evaluation: A Critiques", in *The Phillips Carve and Labour Markets* (ed. by K. Brunner), 1976, pp. 19-46.
[14]　McCombie, J., "Why cutting real wages will not necessarily reduce unemployment—Keynes and the "postulates of classical economics," *Journal of Post Keynesian Economics* 8 (2), 1987, pp. 231-48.
[15]　Mankiw, N. G., *Macroeconomics*, 1992（足立・地主・中谷・柳川訳『マクロ経済学 I』1996）.
[16]　Muth, J. F., "Rational Expectations and the Theory of Price Movements", *Econometrica*, vol. 29, No. 6, 1961, pp. 315-35.

[17] Phillips, A. W., "The Relation between Unemploymant and the Rate of Change of Money Wage Rates in the United Kingdom, 1861-1957", *Economica,* November 1958.

[18] Samuelson, P. and R. Solow, "The Problem of Achiving and Maintaing a Stable Price Level: Analytical Aspects of Anti-Inflation Policy," *A. E. R.*, May 1960, pp. 179-94.

[19] Tobin, J., "An Overview of the General Theory", pp.3-27 in *A 'Second Edition' of the General Theory*, vol. 2, 1997 (ed. by G. C. Harcourt and R. A. Riachs).

[20] Vane, M. R. and J. L. Thompson, *An Introduction to Macroeconomic Policy*, 1982 (4th ed. 1992).

付論(1)　古典学派の第一公準とケインズの有効需要論

1　問題の所在

　現在，われわれが知り得る限りにおいて，ケインズの『一般理論』の基礎となっている最も初期（1932年）の草稿のタイトルは「生産の貨幣的理論」 *The Monetary Theory of Production* となっており，このタイトルは1933年の第1草稿にもそのまま引き継がれている．そしてケインズは第2草稿（1933年12月）においてそのタイトルを「雇用の一般理論」 *The General Theory of Employment* と書き換えたが，1934年11月の『一般理論』の最初の校正刷りにおいてその正式のタイトルを現在の『雇用・利子および貨幣の一般理論』 *The General Theory of Employment, Interest and Money* に改め，今日に至っているのである[1]．

　生産の貨幣的理論とは実質的国民生産物の規模の決定が本質的に流通する貨幣数量に依存することを主張する理論のことである．それは基本的には伝統的貨幣数量説の教義に対立するものである．伝統的貨幣数量説の立場からすれば，貨幣数量は実物経済に対して一種のヴェールの役割を演じるにすぎず，その供給量の大小関係は国民生産物の規模の決定に対して中立的であるとされる．これに対してケインズは貨幣供給量の不足に基づく失業の存在しうる可能性を明らかにし，貨幣供給量の増加がすべて物価水準の上昇となってしまうのは一つの特殊な場合として含む一般的理論の展開を志したのである．

　さて，ケインズ経済学と古典派経済学との関連で，ケインズの有効需要

---

　[1]　ケインズの『一般理論』（1936年）が出版されるまでの「ケインズ講義」のノートの経緯については（[9]）を参照せよ．

の原理と古典派雇用理論の第一公準との関係が問題となる．ケインズによって容認された古典派の第一公準が果たしてケインズの有効需要の原理と両立しうるかどうかは，現在においても未だ決着をみていない問題である．この問題との関連で『一般理論』の1933年の第1草稿に至るまでには，古典派雇用理論の二つの公準についての言及はその目次には記録されていないことに注目しなければならない．それが正式に記録されるようになったのは1933年12月の第2草稿においてであり，それが現在の『一般理論』に継承されているのである．この古典派雇用理論の公準への言及を『ケインズ全集第13巻』は次のように伝えている．

> 「1933年の秋学期にケインズは再び「生産の一般理論」というタイトルで講義を行なったが，彼は前年のものに対してその講義の内容を著しく変更した．まず彼は自分のアプローチと古典派理論の相違を区別することから講義を始めた．彼は，価値の理論と比べると雇用される資源の大きさの決定が古典派経済学によっては比較的に無視されていることを示した．そしてケインズは講義を進めて，概して言えば『一般理論』の第2章の線にそって古典派経済学の二つの基礎的公準を取り扱い，第2章の非自発的失業の定義のところまでを築きあげたのである」([8], p.420)．

本稿の課題はケインズの有効需要の原理と古典派雇用理論の第一公準とは両立しないことを示すことにある．ケインズが古典派の第一公準を容認したことがその後のケインズ理論の展開に対して多くの混乱を導き，古典派雇用理論に対してケインズ雇用理論は貨幣賃金率を固定した一つの特殊のケースにすぎないという解釈を与える不幸な結果を招いたのである[2]．ケインズがなぜ古典派の第一公準を承認するようになったかは，今後，経済学史家にとっての研究課題として残る問題である[3]．

---

[2] 本書200ページでも述べたように，古典学派の第一公準を容認したことをJ. ブロスウェルはケインズ経済学の「根本的誤謬」であると論じている．

[3] しばしば引用されるのは，R. ハロッドのケインズに宛た手紙である．そこでは次のように書かれている．

> The effectiveness of your work ... is diminished if you try to eradicate very deep-rooted habits of thought *unnecessarily*. One of these is the supply and demand analysis. ... It is doing great violence to [the] fundamental groundwork of thought

2 第一公準とケインズ経済学

　ケインズによれば，古典派雇用理論は次の二つの公準を基礎にしている（[5]，p.5）．
　　Ⅰ　賃金は労働の限界生産物に等しい．
　　Ⅱ　所与の労働量が雇用されている場合のその賃金から得られる効用はその雇用量の下での限界不効用に等しい．
そしてケインズによれば第一公準は「労働雇用に対する需要表 demand schedule」を与え第二公準はその「供給表 supply schedule」を与える（[5]，p.6）とされるのである．

　古典派雇用理論に関するケインズのこのような定式化は，今日では一般的に是認されているといって差し支えない．これに対してケインズは第二公準は非現実的であるとして斥けるが，第一公準に対しては明白な支持を与えているのである（[5]，p.17）．そしてケインズは，短期的経済条件の下での産業が収穫逓減に従うならば雇用量と実質賃金率とは逆相関の関係を維持すると結論するのである．

　雇用量の増加は実質賃金率と逆相関の関係に立つというこのケインズの主張は実証的立場から，J.ダンロップおよびL.ターシスによって批判の俎上にとりあげられた．彼らはそれぞれアメリカ合衆国およびイギリスの時系列データから，雇用の増加は必ずしも実質賃金率の下落を伴っていないことを指摘したのである（[3]および[10]）．これに対してケインズは，ダンロップおよびターシスの所説に対して仔細な吟味を加えながら，次のように論じた．すなわち，これらの人々は，

　　「今日まで短期の分配論がその基礎をおいて来た基本的諸仮定を非常に動揺させたことは明白である．そして実際的目的に対してはこれまで採用されて来たものとは異なる一連の単純化が望ましいと思う」（[6]，p.411）．

　　[to assert that] two independent demand and supply functions won't jointly determine price and quantity ([4], pp. 533–34).

しかしわれわれはケインズを弁護して，次のように述べることができる．明らかなようにケインズが前提にしたのは資本設備および産業技術の状態が所与とされている短期の経済である．このような前提の下では一般に収穫逓減の状態が支配し，従って古典派の第一公準を仮定すれば，実質賃金率は雇用量の増加とともに下落しなければならない．しかるにダンロップおよびターシスの研究は時系列データを取り扱っている．時間の経過を含む時系列データの下では，資本蓄積が進行し，産業技術が向上し，従って時間とともに労働の限界生産力曲線が上方にシフトすることが可能である．もしそうだとすると，時系列データが雇用量の増加と実質賃金率の上昇との間にプラスの関係を示したとしても，なんら不思議ではない．

さて，以上は実証的側面からの問題点であるが，本質的なのはケインズの有効需要の原理が果して古典派の第一公準と両立し得るかどうかという理論的立場からの問題点である．以下においてわれわれは，労働の需要表を示す古典派の第一公準はケインズの有効需要の原理と両立することは不可能であるということを示すであろう．

3 ケインズ経済学における二つの雇用理論

通常の記号に従い，われわれは $W=$ 貨幣賃金率，$P=$ 一般物価水準，$Y=$ 実質国民生産物，$N=$ 雇用量とする．次に，短期の生産関数を $Y=f(N)$ で示し，$f'>0$ でかつ $f''<0$ を仮定する．しばらく，価格追随者としての企業を想定し $MRL=$ 労働の限界収入，$MCL=$ 労働の限界費用とすれば，もし

$$MRL > MCL$$

ならば雇用量の増加が生じ，反対に

$$MCL > MRL$$

ならば雇用量の減少が生じる．かくして与えられた P および W の下で，利潤の極大化行動は

$$MRL = Pf'(N) = MCL = W$$

を成立させるであろう．そしてこの条件は古典派の第一公準を示すものに他ならない．

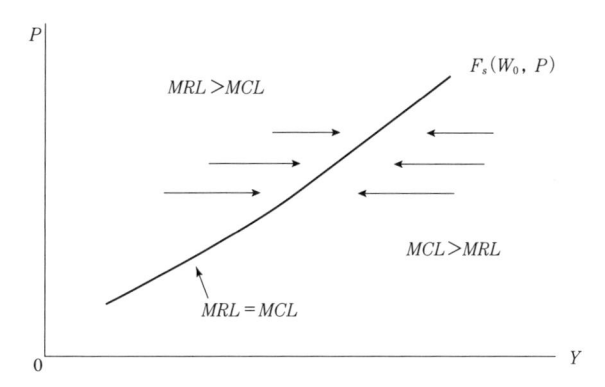

第1図 総供給曲線と不均衡の調整

さて，$f'(N) = W/P$ および $Y = f(N)$ から
$$Y = F_s(\underset{\ominus}{W}, \underset{\oplus}{P}) \tag{1}$$
を導くことは容易である．この方程式で各変数の下の $\oplus \ominus$ の記号は当該変数のその関数に対する偏微分の記号を示している．われわれはこの関数を「総供給関数」aggregate supply function と名づける．そしてこれが W と P に関してゼロ次同次の関数であることも明白であろう．第1図は総供給関数のあり得るべき状態を示したものである．この図で W_0 は貨幣賃金率の所与の水準に与えられていることを示している．そしてこの曲線が右上がりなのは収穫逓減の生産関数（$f'' < 0$）から生じている．

さて，もし現実の経済がこの曲線上に存在するならば，$MRL = MCL$ が支配し，企業は現在の状態を変更させる動機をもっていない．しかるに現実の経済がこの曲線よりも左上方に位置するならば，$MRL > MCL$ となり，雇用量の増加（従って産出量の増加）が生じ，反対に現実の経済がこの曲線の右下方に位置しているならば，$MCL > MRL$ となり，雇用量（従って産出量）の減少が生じるのである．そしてこれらのことが総供給曲線に向けての矢印の動きによって示されているのである．これらの矢印はその時々の価格を所与として利潤を極大ならしめようとする企業行動からの帰結である．この運動をわれわれは
$$\frac{dY}{dt} = \lambda\{F_s(W, P) - Y\} \tag{2}$$
によって示すことができる．ここで $t = $ 時間，$\lambda = $ 正のパラメーターであ

る．

　明白なように，この最後の方程式で W および P を与えられたとすれば，Y はユニークに決まり，しかもそれは安定的な均衡点を形成する．そしてこれが古典派の第一公準を前提にした場合の産出量決定の理論のエッセンスである（もっともケインズは $MRL = MCL$ の状態のみに——従って $f'(N) = W/P$ の状態のみに注目したが，$MRL = MCL$ が安定的均衡点であることを考慮すれば，そのように前提しても現実性を失うことはない）．しかしこのような産出量決定の理論は，いわゆる $I = S$ の所得決定に関するケインズの有効需要の理論とは両立しない．

　以下においてわれわれが依拠するのは，ヒックス＝ハンセン図表として周知のケインズの $I = S$ および $L = M$ の均衡体系である．M.フリードマンの定式化に従い（そしてフリードマンによれば，形式的にはこれはケインズ経済学と古典派経済学の双方にとって共通に妥当するモデルである），最も簡潔にそれは

$$I(\underset{\ominus}{r}) = S(\underset{\oplus}{Y})$$

$$\frac{M}{P} = L(\underset{\oplus}{Y},\ \underset{\ominus}{r})$$

によって示すことができる．ここで，$S=$ 実質貯蓄，$I=$ 実質投資，$M=$ 貨幣供給量，$L=$ 実質貨幣需要量，$r=$ 利子率である．かくしてこれより

$$Y = F_d(\underset{\oplus}{M},\ \underset{\ominus}{P}) \tag{3}$$

が導かれる．明らかなようにこれは M と P に関するゼロ次同次の関数である．われわれはこの関数を「総需要関数」aggregate demand function と名づける．第2図の右下がりの曲線は総需要関数のあり得る状態を示したものであって，M_0 は所与の貨幣供給量を示している．

　さて，以下においてわれわれは，貨幣市場において需給不均衡が存在すればそれは利子率の調整によって是正され，その調整速度は非常に大きくて事実上貨幣市場は $M/P = L$ という意味で常に均衡状態にあるものと仮定する．この時，われわれはケインズに従って，所得決定に関する動学的システムを次の方程式によって示すことができる．

$$\frac{dY}{dt} = \mu\{I(r) - S(Y)\} \tag{4}$$

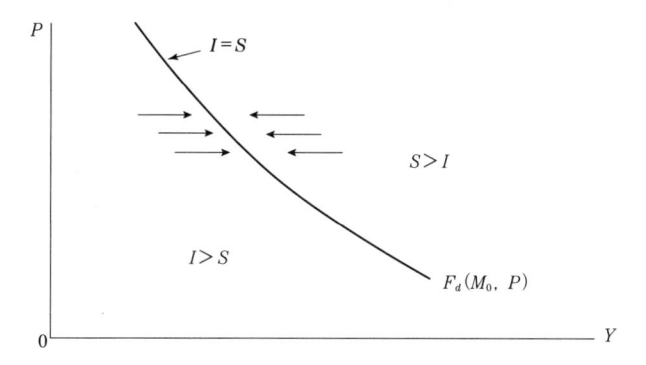

第 2 図　総需要関数と不均衡の調整

ここで μ は正のパラメーターであって，この方程式は産出量市場における不均衡は産出量の調整によって行なわれることを示しているものに他ならない．そしてこのような均衡調整のメカニズムは，ケインズによって次のように論じられている．

> 「伝統的な分析も貯蓄が所得に依存していることに気づいていたが，しかし投資が変化した場合，貯蓄の変化を投資の変化に等しくさせるのにちょうど必要な程度に，所得が必ず変化しなければならないという形で，所得が投資に依存するという事実を見逃していた」（[5]，塩野谷訳，p.184）．

容易に知られるように，$M/P = L$ の下で $I = S$ ならば $Y = F_d(M, P)$ であり，$I > S$ ならば $Y < F_d(M, P)$，$I < S$ ならば $Y > F_d(M, P)$ である．かくして上の(4)式は本質的には全く同一の内容の次の方程式によって置き換えることができる．

$$\frac{dY}{dt} = \mu\{F_d(M, P) - Y\} \qquad (5)$$

第2図における矢印はこのことを示したものである．すなわち，もし $I > S$ ならば，Y は $I = S$ （従って $Y = F_d(M, P)$）が成立するまで増大し，反対に $S > I$ ならば，Y は $I = S$ が成立するまで減少するのである．そしてこのようなメカニズムは「投資乗数の理論」のエッセンスを示すものに他ならない．

以上の分析によりわれわれは，ケインズには二種類の産出量（従って雇

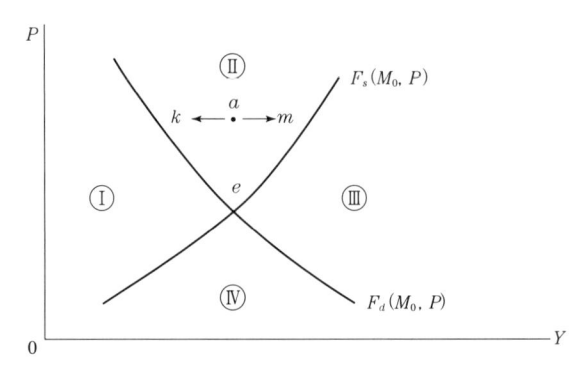

第3図 ケインズにおける矛盾

用量）決定の理論の存在することを結論することができる．第一は(2)式で示される理論であって古典派の第一公準から導かれたもの，第二は(5)式で示される理論であってケインズの有効需要（あるいは投資乗数）の理論から導かれたものである．しからばこの二種類の理論は両立し得るのであろうか．以下においてわれわれはこの二つの理論は必ずしも両立し得ず，相互に矛盾することのあることを示すであろう．第3図はこのことを検証している．この図は第1図と第2図とを重ね合わせたものである．総供給曲線と総需要曲線の二本の曲線によってわれわれは四箇の局面を分類することができる．もし経済が図の e 点に位置していれば，企業が第一公準に従って行動しても有効需要の原理に従って行動しても，経済は e 点にとどまり続けるであろう．問題は経済が Ⅱ または Ⅳ の局面におかれた場合に生じる．例えば最初に a 点におかれていたとしよう．このような状態は，例えば最初に a 点が総供給曲線と総需要曲線の交点であったとし，それが貨幣賃金率 W と貨幣供給量 M とが等しい率で減少し，ために総供給曲線と総需要曲線とがともに下方にシフトするような場合に生じる．明白にこの場合に a 点では $S>I$ が成立し，生産物市場は超過供給の状態になっている．この時，ケインズの有効需要の原理に従って企業が行動するならば，産出量は k の方向（ここで k は Keynesian の頭文字である）に向かって減少する．これに対して古典派の第一公準に従って企業が行動するならば，たとえ生産物市場が超過供給の状態であっても，MRL は MCL をこえているという判断の下で産出量は m の方向（ここで m は

Marshallian の頭文字である）に向かって増大するのである．明白なように，この二つの調整メカニズムは両立することはできない．すなわち，労働需要の理論としての古典派の第一公準と同じく労働需要の理論としてのケインズの有効需要の原理（すなわち投資乗数の理論）とは相互に矛盾し得るのであって，両者を常に両立させることはできないのである．そして同様の不調和は⑭の局面においても生じる（この二つの局面はジレンマ・ケースとよぶことができるかも知れない）．

　ケインズが古典派の第一公準を承認したことによって，この公準をケインズの有効需要の原理といかにして調和させるかという試みが多くの経済学者によって行なわれてきた．そして最近，雑誌 *Journal of Post Keynesian Economics* を舞台にして古典派の第一公準を容認したケインズに対する批判的論文が発表されているが（例えば［1］，［2］，［7］），われわれはその多くのものに賛同することができるのである．

付論(1) 参照文献

［1］ Brothwell, J., "The General Theory after fifty years: why are we not all Keynesian now?", *Journal of Post Keynesian Economics* 8, 1986, pp. 531-47.
［2］ Davidson, P., "The marginal product is not the demand curve for labour and Lucas's labour supply function is not the supply of labour in the real world", *Journal of Post Keynesian Economics* 6, 1983, pp. 105-17.
［3］ Dunlop, J. G., "The movement of real and money wage rates", *Economic Journal* 48, 1938, pp. 413-34.
［4］ Harrod, R., *Letter to Keynes*, 1 August, in *Collected Wrightings of J. M. Keynes*, XIII, 1935, pp. 533-34.
［5］ Keynes, J. M., *The General Theory of Employment, Interest and Money*, 1936（塩野谷祐一訳『雇用・利子および貨幣の一般理論』1995）.
［6］ Keynes, J. M., "Relative movements of real wages and output", *Economic Journal* 49, 1939, pp. 34-51.
［7］ McCombie, J., "Why cutting real wages will not necessarily reduce unemployment-Keynes and the "postulates of classical ecomomics" ", *Journal of Post Keynesian Economics* 8 (2), 1987, pp. 233-48.
［8］ Moggridge, D., in *Collected Wrightings of J. M. Keynes*, XIII, 1973.
［9］ Rymes, T. K., *Keynes's Lectures* 1932-35, *Notes of a Representative Student*, 1989（平井俊顕訳『ケインズ講義』1993）.
［10］ Tarshis, L., "Changes in real and money wages", *Economic Journal* 49, 1939, pp. 150-54.

付論(2) ｛3 × 3｝行列の逆行列について

本文中の第Ⅲ篇4章でわれわれは｛3×3｝行列の逆行列を計算している．本付論はその逆行列の算定方法を解説することが目的である．

｛3×3｝の行列を A とし，それを

$$A = \begin{pmatrix} a_{11} & a_{12} & a_{13} \\ a_{21} & a_{22} & a_{23} \\ a_{31} & a_{32} & a_{33} \end{pmatrix}$$

で示す．A の行列式を Δ とする．すなわち

$$\Delta = a_{11}a_{22}a_{33} + a_{12}a_{23}a_{31} + a_{13}a_{32}a_{21} - a_{13}a_{22}a_{31} - a_{11}a_{32}a_{23} - a_{12}a_{21}a_{33}$$

である（Δ はゼロではないものとする）．いま，対角線上に1が並びその他のエレメントがすべてゼロの行列を E で示し，これを「単位行列」とよぶ．この時，行列 A の左側から｛3×3｝の行列を乗じたものと A の積が E になった時，そのような行列を A の左側からの逆行列という．それを A^{-1} で示す．すなわち

$$A^{-1}A = E$$

である．

A^{-1} は次のようにして求められる．

$$A^{-1} = \begin{pmatrix} \frac{1}{\Delta}A_{11} & \frac{1}{\Delta}A_{12} & \frac{1}{\Delta}A_{13} \\ \frac{1}{\Delta}A_{21} & \frac{1}{\Delta}A_{22} & \frac{1}{\Delta}A_{23} \\ \frac{1}{\Delta}A_{31} & \frac{1}{\Delta}A_{32} & \frac{1}{\Delta}A_{33} \end{pmatrix}$$

ここで

$$A_{11} = \{a_{22}a_{33} - a_{23}a_{32}\}$$
$$A_{12} = -\{a_{12}a_{33} - a_{13}a_{32}\}$$
$$A_{13} = \{a_{12}a_{23} - a_{13}a_{22}\}$$

付論(2) {3×3} 行列の逆行列について

$$A_{21} = -\{a_{21}a_{33} - a_{23}a_{31}\}$$
$$A_{22} = \{a_{11}a_{33} - a_{13}a_{31}\}$$
$$A_{23} = -\{a_{11}a_{23} - a_{12}a_{21}\}$$
$$A_{31} = \{a_{21}a_{32} - a_{22}a_{31}\}$$
$$A_{32} = -\{a_{11}a_{32} - a_{12}a_{31}\}$$
$$A_{33} = \{a_{11}a_{22} - a_{12}a_{21}\}$$

である．計算によって知られるように

$$A^{-1} \cdot A = \begin{pmatrix} 1 & 0 & 0 \\ 0 & 1 & 0 \\ 0 & 0 & 1 \end{pmatrix}$$

であり，A^{-1} が A の逆行列であることが判明する．

この計算方法に従って第III篇4章4節の逆行列を計算すると

$$A^{-1} = \frac{1}{\Delta} \begin{pmatrix} L_r B\pi & B\pi(I_r - K_r) & L_r B\pi \\ -L_Y B\pi & B\pi(\bar{S}_Y + B_Y) & L_Y B\pi \\ L_Y K_r - B_Y L_r & -\bar{S}_Y K_r - B\pi I_r & \bar{S}_Y L_r + I_r L_Y \end{pmatrix}$$

となり，

$$A^{-1} \cdot A = A^{-1} \cdot \begin{pmatrix} \bar{S}_Y & -I_r & -B\pi \\ L_Y & L_r & 0 \\ -B_Y & K_r & B\pi \end{pmatrix} = \begin{pmatrix} 1 & 0 & 0 \\ 0 & 1 & 0 \\ 0 & 0 & 1 \end{pmatrix}$$

となって，A^{-1} が A の逆行列であることが知られるのである．

人 名 索 引

(nは当該ページの脚注．ケインズについては，本書全体に関しているので省いた)

荒憲治郎　　111n, 164
Bain, H. R.　　129n
Bator, F. M.　　69n
Brown, A. J.　　40n
Browthwell, J.　　204n
Dunlop, J. G.　　205
Fillips, A. W.　　167
Fleming, J. M.　　125
Friedman, M.　　3, 6, 66, 83-84, 174-177, 182
Gärtner, M.　　127n
Harrod, R.　　205
Hewiston, G. H.　　78n
Hicks, J.　　7, 8, 22
石井菜穂子　　154n
Krugman, P. R.　　111n, 113
Lagentye Jean de　　201
Lucas, R.　　180, 186, 192

Mandel, R. A.　　125
Moore, B.　　74n
森田優三　　186n
Muth, J. F.　　186
Okun, A. M.　　50
Pigou, A.　　4n
Poole, W.　　82n
Robertson, D. H.　　36n
Samuelson, P.　　66
Solow, R.　　167
Stiglit, J.　　16
須田美矢子　　119n, 142n
Tarshis, L.　　203
Tinbergen, J.　　94
Tobin, J.　　50
Triffin, R.　　137
Vane, H. R.　　129
Wicksell, K.　　39

事項索引

(イタリックの数字は定義またはそれに準じた説明のページ数，また n は脚注)

ア 行

$I=S$ 曲線
 均衡方程式の―― *3*, 59
 恒等的関係の―― 57, 59
一般化された貨幣数量説の動態版 *164*
一般政府 *51*
移転支払 *55*
インフレ・ギャップ *51*
インフレ率と失業率との最適選択 173
$x\%$のルール *183*
$L=M$ 曲線 *7*
ウィクゼル的累積過程 39-40
オークンの法則（Okun's Law） *50*

カ 行

貸付資金需給説 36n
貨幣創造乗数 *72*
貨幣供給
 内生的―― *9*, 74
 外生的―― *9*, 19-22, 74
貨幣数量説 37-38
 ――の動態版 163-64
貨幣需要の利子弾力性 16
貨幣的錯覚 *176*
貨幣の中立性 *40*
加法的不確実性 *79*
為替市場の安定条件
 マーシャル＝ラーナーの―― 110-11
完全雇用
 ――産出量（所得水準） *34*
 ――予算 69-70
完全資本移動 *119*, 131
カントリー・リスク *118*
犠牲比率 *178*
機能的財政 *68*
規模に関する収穫法則 161-62
供給重視の経済学（SSE） 57-58n
供給ショック *189*
共通モデル 3-7
均衡失業率 *48*
均衡予算の乗数定理 64-65
金本位制 *105*
クラウディング・アウト効果 *88*
経常収支 100, *103*
 ――の決定要因 108
ケインズ
 ――効果 *14*
 ――的病理現象 17-18, 165-66
 ――的調整機構 *28*
 ――的均衡状態の安定性 *29*
現金準備率操作 *72*
公開市場操作 *73*
恒常所得 *192*
公定歩合政策 72-73
購買力平価説 114-15
合理的期待仮説 *186*
国際金本位制 *105*
国際収支関数 *123*, 141
国際流動性 *136*
 ――のジレンマ 136-37
コスト・インフレ 164-65
固定価格法 *8*
古典派雇用理論
 ――の第一公準 31-32, 205-06

事 項 索 引　　　　　　　　　　　　　　　217

―――の第二公準　32-33
雇用決定
　　実質賃金による―――　26
　　有効需要による―――　26

サ　行

財政
　　―――政策の有効性　87
　　―――活動の経済機能　61
最適貨幣政策　77
裁量主義的安定化行動　67
資産動機　6
自然失業率　175-76
　　―――仮説　177
自然成長率　183
自然利子率　39
実質貨幣　3,7
実質残高効果　4
実質賃金決定関数　25
実質利子率　4
自動安定化装置（built-in stabiliser）
　62-64
自然的失業　46
需要ショック　187
消費需要の価格弾力性　13
総供給価格　24
　　―――曲線　24,161-62
　　―――の伸縮性　161
　　―――の変動方程式　162
総需要価格
　　―――曲線　11
　　―――の伸縮性　159
　　―――の変動方程式　160
総需要関数　11
　　対数線型の―――　179
Ｊカーブ効果　111-14
自然失業率　175
　　―――仮説　176
自然利子率　37-39
資本移動の迅速性　128-29
資本移動不在　120,132,134

資本収支　101,103
　　―――の決定要因　116
　　―――の利子弾力性　121-22
情報伝達の学習時間　196-97
新ケインズ学派　197
伸縮価格法　8
スウェーデン方式　66-67n
政策変数　7
政策無効性命題　191
生産の貨幣的理論　203
セイの販路法則（Say's Law）　10
租税関数　58
損失関数（loss function）　51

タ・ナ　行

単一の利子率　4,6,73
単年度均衡予算　64
中間的資本移動　132-33,135-36
超過需要（生産物市場での）関数
　140-41
ティンバーゲンの定理　93-94
適応的期待形成　180
ディマンド・インフレ　164-65
デフレ・ギャップ　51
取引貨幣　5

内生的係数変化　194-95
NAIRU（non-accelerating rate inflation of unemployment）　177

ハ　行

ハイパワード・マネー　71
派生需要としての労働需要　198-99
ピグー効果（Pigou effect）　4-5
　　―――の実効性　16
非自発的失業　46-47
ヒューム・メカニズム（Hume mechanism）　106
フィスカル・ポリシー　61
フィッシャー効果（Fisher effect）　4

フィリップス曲線　167
　修正された――　170-71
　長期――　177
　短期――　177
　期待要因導入の――　177
物価水準の変動方程式　163
物価・正貨流出入機構（ヒューム・メカニズム）　106
フル＝コスト原理　23-24
ブレトン・ウッズ体制　107
変動相場制　105, 107-08
　――における金融政策の有効性　145-48
　――における財政政策の有効性　148-50
補助金　55
ポリシー・ミックス　90-93
　完全雇用のための――　152-53
　国際収支の構造と――　153-54
ホワイト・ノイズ　186n

マ～ラ 行

マーシャルの k　183

マーシャル＝ラーナーの安定条件　110, 145
摩擦的失業　45
マンデル＝フレーミング・モデル　125

有効需要の原理　10, 20
UV 分析　168-69
輸出関数　109
輸出の価格弾力性　110
輸入関数　109
輸入の価格弾力性　110

ラーナー主義　69n
利子平価説
　カバーなしの――　116-17
　カバーつきの――　118-19
利潤加算率（マーク・アップ率）　25
流動性選好説　5-7
流動性の罠　85
ルカス型総供給曲線　180
ルーカスの批判　192-95

荒 憲治郎（あら・けんじろう）

大正14年北海道に生まれる．昭和24年東京商科大学を卒業，特別研究生を経て一橋大学経済学部専任講師を経て，昭和40年から昭和63年まで同学部教授．平成元年から平成13年まで駿河台大学経済学部教授．現在一橋大学および駿河台大学の名誉教授．
〔業績〕『経済成長論』岩波書店，『近代経済学』日本評論社，『マクロ経済学講義』創文社，『資本理論の研究』有斐閣，など．その他共書，論文多数．

〔マクロ的経済政策論入門〕　　　　　　　　　ISBN 4-901654-01-2

2002年6月25日　第1刷印刷
2002年6月30日　第1刷発行

　　　　　　　　　　　　　著者　荒　憲治郎
　　　　　　　　　　　　　発行者　小　山　光　夫
　　　　　　　　　　　　　印刷者　藤　原　　豊

発行所　〒113-0033 東京都文京区本郷1-13-2
　　　　電話(3814)6161　振替 00120-6-117170
　　　　http://www.chisen.co.jp
　　　　　　　　　　　　　株式会社　知泉書館

Printed in Japan　　　　　　　　印刷・製本／藤原印刷